OLYMPE

VIVRE SANS REGRETS

S'affranchir du regard des autres
et prendre son envol

FIRST
ÉDITIONS

À mes amis de toujours, qui m'ont accompagné
dans les bons comme dans les mauvais moments.

Bonjour vous !

Comment ça va ?

Je vous rassure, il n'y a pas de bonne ou de mauvaise réponse ! Personnellement, au moment où je vous écris, je vais bien.

Je ne vais pas vous mentir, ça n'a pas toujours été le cas.

Je me présente : je m'appelle Olympe, je suis auteur-compositeur-interprète et chef d'entreprise. J'ai grandi dans la ville d'Amiens. Mon enfance a été assez compliquée, la musique a été mon échappatoire et est devenue un besoin vital qui m'a poussé à vouloir en faire mon métier. En février 2013, je suis apparu sur les écrans des télévisions dans l'émission *The Voice – La plus belle voix* sur TF1. Cette expérience a réellement changé ma vie !

Dans le livre que vous tenez entre vos mains, je partage avec vous mon expérience, depuis mon plus jeune âge, jusqu'à ma vie d'aujourd'hui. J'avais besoin d'écrire sur toutes les barrières qui se sont dressées sur mon chemin, et expliquer comment je les ai fait tomber.

Il est également important pour moi de vous donner un aperçu des coulisses de la « célébrité », de ses bons et mauvais côtés pour mieux comprendre ce monde à part. Je n'ai nullement la prétention avec ce livre de donner de grandes leçons, mais j'ai espoir que si certains passages feront écho à votre vie, ils vous aideront à avancer, à prendre une décision. Si vous vous sentez perdu, abandonné, j'ai envie que vous sachiez que vous n'êtes absolument pas seul, quoi que vous puissiez en penser par moments.

Vous pouvez commencer à lire là où vous le désirez, picorer, feuilleter et vous arrêter là où votre œil se posera.

Petite particularité : vous trouverez mentionné au début de chaque chapitre le morceau de musique qui m'a accompagné alors que j'écrivais le texte. Si vous voulez être dans le *mood*, vous pouvez écouter le morceau en le lisant. Par exemple, là, tout de suite, j'écoute *Spheroidal* de Kalen Elmsley. Je sais que certaines personnes n'arrivent pas à lire en écoutant de la musique : je n'impose rien, faites comme vous le souhaitez ! Si aucun nom de chanson n'est précisé au début d'un chapitre, c'est que je n'écoutais pas de musique lors de l'écriture : les petites pauses auditives sont aussi essentielles pour s'entendre réfléchir.

Ce livre est désormais le vôtre, je vous invite à vous l'approprier comme bon vous semble ! Vous serez même amené à y contribuer.

Un peu de mon histoire

Until I found you – Stephen Sanchez

Je suis né un dimanche, le 13 août 1989, à Amiens, dans la Somme, au sein d'une famille modeste. Quand j'ai eu 5 ans, mes parents se sont séparés. Ils n'avaient pas la possibilité de s'occuper de ma petite sœur, mon petit frère et moi. Nous avons donc été accueillis par mon grand-père paternel à la suite d'une décision de justice. Nous avons grandi dans l'amour. Notre grand-père Daniel, qui a sacrifié beaucoup de choses dans sa vie pour nous élever, a tout fait pour ses petits-enfants. Je lui en serai reconnaissant toute ma vie.

Quand on est enfant, on a du mal à comprendre ce qui nous arrive. J'ai souffert qu'on me pose sans cesse la question : « Pourquoi tu ne vis pas avec tes parents ? » Un manque de tact, une curiosité mal placée qui met dans l'embarras et qui nous oblige à devoir justifier les décisions de nos parents…

Je n'en veux pas à mes parents. La vie oblige parfois à faire des choix difficiles et le manque de maturité peut conduire à ne pas agir comme il le faudrait. J'en ai longtemps voulu à toutes ces personnes qui se sont moquées de moi car je ne vivais pas avec mes parents, parce que j'avais une voix féminine et des traits féminins. J'en voulais à leurs propres parents de ne pas leur avoir inculqué la tolérance, le savoir-vivre…

Mon enfance a été émaillée de moments de bonheur et de moments de doute. Je pense que la séparation de mes parents a développé chez moi un complexe d'infériorité, l'impression de ne pas être assez « bien » pour qu'on veuille rester avec moi, de devoir me mettre en retrait pour ne pas prendre la place d'un ou d'une autre. J'étais vraiment très réservé, timide. Je ne me confiais pas, et surtout pas à mon grand-père. J'avais trop de pudeur pour lui dire quoi que ce soit. Je ne voulais pas qu'il s'inquiète pour moi. Je n'ai jamais montré mes larmes, sauf pour le décès de mon arrière-grand-mère Madeleine. Elle était mon repère, ma référence féminine.

La musique a été mon moyen d'expression. Comme je me refusais à pleurer, je chantais, encore et encore. Je chantais parfois même sans former de vrais mots. J'avais le besoin intense de faire sortir toutes ces émotions qui restaient bloquées en moi. Ma famille me disait que j'avais un don, que je chantais bien. À l'âge de 11 ans, je me souviens d'une discussion avec mon grand-père : « J'ai entendu à la radio qu'il y aura un concours de chant demain soir, pas très loin d'Amiens. Comme tu aimes chanter, je t'ai inscrit ! » m'a-t-il dit. Je me souviens de l'excitation à l'idée de chanter sur une vraie scène, mais aussi du doute qui s'est installé. C'était une première, et je n'avais aucune confiance en moi. Je chantais car j'aimais ça, mais je chantais surtout car cela m'était vital !

Je suis arrivé dans la salle pour la préparation du concours. On a pris mon inscription et on m'a demandé ce que j'allais chanter. Je n'avais pas de bande-son (c'est-à-dire une musique sans la voix du chanteur)… Gérard Sellier, qui organisait le concours, m'a alors montré un cahier dans lequel étaient répertoriées toutes les bandes-son disponibles. Je suis tombé sur *D'amour ou d'amitié*, de Céline Dion, que je connaissais. J'ai donc fait un essai sur cette chanson. Gérard et sa femme Noëlle semblaient surpris par ma voix, alors que j'étais si jeune. Je suis revenu le soir pour participer au concours. Il y avait six personnes dans le jury, des professionnels. Dans la salle, environ trois cents ou quatre cents spectateurs dont une quinzaine de membres de ma famille.

Mon tour arrive, les lumières de la salle s'éteignent, la musique commence. Je deviens une autre personne. Je suis libéré, comme dans ma bulle. Je chante comme si j'étais seul dans ma chambre. La chanson se termine, standing-ovation ! Tout le monde se lève dans la salle. Je suis surpris et en même temps si heureux de ce qui se passe. Puis je sors de scène, et je redeviens ce petit garçon timide. Je retourne m'asseoir à ma place, sous les félicitations des spectateurs. La soirée se poursuit, une quarantaine de candidats et candidates s'enchaînent. Je suis le plus jeune, et le plus âgé doit avoir la cinquantaine. Le dernier candidat passe, c'est l'heure des délibérations. La troisième place est attribuée, et à chaque fois le nombre de points est annoncé. La deuxième place est également annoncée. Je suis découragé et me dis que je ne serai pas dans le top 3. Je perds espoir, esquisse un sourire déçu. Gérard Sellier annonce alors : « Le premier prix est décerné avec 147 points à Joffrey Boulanger ! » (oui, c'est mon prénom et mon nom de naissance). Des cris de joie retentissent dans toute la salle, ma famille est aux anges, en pleurs. Je ne comprends pas trop ce qui m'arrive, c'est complètement fou, ce sont les montagnes russes dans ma tête. Je monte sur scène, on me donne ce trophée et la salle m'acclame.

J'ai gagné l'enregistrement de deux titres en studio. Je vais, à ce propos, vous raconter une petite anecdote. En sortant de scène, je parle avec Gérard Sellier, et lui demande si le *single* que je vais enregistrer sera dans les magasins ! J'étais jeune et je n'y connaissais rien. Cela me fait sourire quand j'y pense. C'était l'époque des *singles*, des CD deux titres qu'on allait acheter en boutique. J'en avais une collection folle, alors je me disais que moi aussi j'allais avoir mon single en rayon dans les magasins.

C'est à ce moment-là que toute mon histoire musicale a commencé. Je ne remercierai jamais assez mon grand-père de m'avoir inscrit à ce concours et Gérard Sellier de m'avoir intégré à sa troupe de chanteurs. Il m'a formé à la scène et à l'expression scénique : tous les samedis, je me rendais dans un petit village de la Somme, Cappy, et nous répétions dans un hangar équipé de tout le matériel nécessaire. Nous prenions le temps de choisir des chansons françaises, d'analyser les textes et nous nous mettions sous la lumière, dans les conditions d'un concert. Nous recommencions les chansons car Gérard accordait beaucoup d'importance à l'interprétation du texte. J'ai adoré cette période car nous étions un peu comme une famille d'artistes et partagions ce qui nous faisait du bien : la musique ! Grâce à Gérard, j'ai pu chanter sur de nombreuses scènes jusqu'à mes 17 ans, dans des villages, des villes, en première partie d'artistes connus. La plus belle époque de mon enfance et de mon adolescence ! Une bulle d'oxygène dans cette période compliquée.

Gérard n'est plus parmi nous aujourd'hui. Il est décédé quelques mois avant ma participation à *The Voice* saison 2. J'aurais tellement aimé qu'il voie ça, je suis certain qu'il aurait été fier de moi, de lui. Il me manque tellement. Je pouvais me confier à lui, il savait écouter sans porter de jugement. Je ne peux pas écrire ce livre sans parler de lui et de l'importance qu'il a eue dans ma vie, aussi bien artistiquement qu'humainement.

« Pourquoi tu vis avec ton grand-père ? Tes parents sont morts ? »

Dog Days Are over – Florence + The Machine

Quand j'avais 5 ans, mes parents se sont séparés et cela a conduit à un placement de ma fratrie chez mon grand-père, suite à une décision de justice. Cette situation éveillait la curiosité de mes camarades de classe. On connaît le manque de tact des enfants, surtout en primaire et encore plus au collège. Ces questions m'ont souvent fait souffrir car je devais justifier les choix de vie de mes parents, alors que je n'y pouvais rien. J'avais simplement envie d'avoir une famille normale, d'être comme tous mes autres camarades d'école…

Aujourd'hui, je vis les choses différemment. Je ne renie pas la souffrance de l'enfance, car elle a existé et a contribué en partie à façonner la personne que je suis devenue. J'ai tout simplement appris à vivre avec. J'ai surtout relativisé, en me disant qu'il y avait pire ailleurs. J'ai grandi élevé par l'amour de mon grand-père. Nous aurions très bien pu être ballottés de famille d'accueil en famille d'accueil, ou de foyer en foyer. Nous n'avons manqué de rien si ce n'est de la présence de nos parents. Désormais, je ne suis plus gêné quand il s'agit de raconter mon histoire, car elle est ma vie. J'ai des failles, des qualités. Je ne parle pas de défauts, car après tout, un défaut n'existe que dans le ressenti de l'autre. Nos parcours de vie nous façonnent. Il n'y a pas à en rougir, la vie nous fait passer par des épreuves plus ou moins douloureuses. À nous d'essayer d'en faire ressortir le meilleur. Ce n'est pas si simple, c'est vrai. Il y a des épreuves qui nous marquent à vie et qui nous collent à la peau, indélébiles.

Il est important d'en parler, de trouver quelqu'un à qui se confier. Un professionnel, un ami, un proche. Par expérience, je peux vous dire qu'il n'est jamais bon de garder en soi quelque chose qui nous fait souffrir. Cela nous empêche d'avancer. J'ai consulté un psychologue lorsque j'étais au lycée. Je n'en ai pas honte, au contraire, j'en suis fier, car il était nécessaire de pouvoir parler de mon enfance, de mon adolescence, de comprendre certaines choses pour avancer. Il faut arrêter de croire qu'aller voir un psychologue veut dire que vous êtes fou ! Il faut également arrêter de rendre honteuses les personnes qui se rendent chez un psychologue. Qu'y a-t-il de mauvais à vouloir comprendre ? À vouloir se faire aider ? Rien. Si vous en avez besoin, faites-le, ne vous souciez surtout pas du regard des autres. Vous devriez être fier de vouloir avancer et de tenter de refermer des plaies qui vous pourrissent la vie. Nous vivons différemment les événements qui nous touchent : certaines personnes arrivent à s'en détacher facilement, à ne pas y prêter attention ; pour d'autres, c'est plus difficile. Ne jugeons pas la douleur des autres car nous ne l'avons pas vécue ! Il est important de les aider à s'en sortir, de leur tendre la main. C'est un petit geste qui peut sauver des vies.

« Je n'ose pas, que vont-ils dire de moi ? »

Pure – Nel Aique

Pourquoi cette envie, ou plutôt cette obligation, de convenir au regard des autres ? Nous sommes confrontés dès notre plus jeune âge au regard de ceux qui nous entourent. Combien de fois ai-je entendu de la bouche de mes proches : « Que vont penser les gens de toi ? » Ça ne m'était pas toujours adressé, mais cette question a toujours résonné en moi. J'avais l'impression que « les gens » étaient des personnes si importantes qu'il fallait convenir à leur regard, dans je ne sais quel but. Comme si ma vie dépendait de ce qu'ils allaient penser de nous, de moi. À chaque fois que je m'habillais, que je faisais quelque chose, j'avais cette petite voix dans ma tête qui me répétait : « Ne t'habille pas comme ça, que vont penser les gens de toi avec cette tenue… ? » Je n'osais pas et pire, je m'interdisais d'exister tel que j'étais réellement.

J'étais un petit garçon qui rêvait de paillettes. Je crois que mon enfance était si terne que j'avais besoin que ça brille. J'ai toujours été émerveillé par les dorures, les diamants, les bijoux. Tout cela me faisait rêver. Si l'on aime telle ou telle chose, pourquoi ne pas simplement suivre nos envies, nos goûts ? J'aime les bijoux, j'adore les colliers, pourtant ce n'est que très récemment que j'ai osé en porter. J'ai grandi avec l'idée que les bijoux sont pour les femmes. À la rigueur, une alliance ou une chevalière pour les hommes, mais rien d'autre. Combien de fois ai-je entendu des réflexions sur les hommes qui portaient des boucles d'oreilles ou des piercings ? Toutes ces idées préconçues sur les bijoux sont fausses ! Pensez aux civilisations antiques : les hommes portaient des bijoux et parfois même du maquillage. On nous bassine avec le regard des autres pour que nous rentrions dans un moule. Je n'en ai jamais voulu de ce moule, mais j'en ai pourtant été prisonnier pendant des d'années. J'ai même fini par penser que correspondre au plus grand nombre était une forme de bonheur. C'est un peu l'idée commune : « Pour vivre heureux, vivons cachés ».

Aujourd'hui, après ne pas avoir osé pendant des années, j'ose être moi-même ! Je suis fier de porter mes beaux colliers. Je suis fier de m'affranchir de toutes ces idées préconçues, ces mots, ces barrières qui nous empêchent d'être nous-même. Je n'ai plus peur du regard des autres. Je dirais même que ça me rend heureux de porter des vêtements ou des accessoires que je ne vois pas sur les autres. Cela me donne le sentiment d'apporter un peu de couleur dans un monde qui peut parfois paraître terne.

On ne va pas se mentir, les nouvelles générations sont quand même plus ouvertes concernant le maquillage et les bijoux pour les hommes ! Lorsque j'étais adolescent, nous ne trouvions ni l'un ni l'autre dans le commerce. Même pour les vêtements, les collections unisexes n'étaient pas vraiment à la mode. Quand j'étais au collège, en 3e plus précisément, je me souviens avoir acheté un tout nouveau modèle de veste pour homme. Les manches étaient en laine et le reste dans une matière qui ressemblait à du daim. Quand je suis arrivé avec cette veste, j'ai été moqué par la quasi-totalité des garçons du collège. Ce qui est drôle, c'est que quelques mois plus tard, ils portaient tous ce modèle et ça ne posait aucun problème !

J'ai connu l'apparition des premières crèmes pour la peau pour hommes. En écrivant cela, j'ai l'impression d'avoir 100 ans ! Ce n'est pourtant pas si vieux. Je me souviens m'être rendu dans une grande enseigne beauté et m'être émerveillé devant les trois ou quatre pots de crème de jour pour homme ! Quand je repense à ça, je me dis que nous avons fait un chemin considérable en quelques années ! Attention, je ne dis pas que la nouvelle génération a plus de facilités, car l'époque actuelle est vraiment un enfer à de nombreux égards, mais nous pouvons quand même constater une évolution par rapport à mon adolescence, au début des années 2000.

J'ai envie de vous lancer un petit défi, de vous faire participer à l'écriture de ce livre. Je vous invite à écrire trois choses que vous n'osez pas faire, ou trois vêtements/ accessoires que vous n'osez pas porter alors qu'ils vous plaisent. Demandez-vous ensuite pourquoi vous n'osez pas ? Est-ce que ça a un rapport avec le regard des autres ? Et finalement, qu'est-ce que ça vous procurerait comme sentiment de pouvoir vous affranchir de ce regard ?

1. Je n'ose pas…

....

Pourquoi ?

....

....

....

Qu'est-ce que me procurerait comme sensation d'oser ?

....

....

....

2. Je n'ose pas…

....

Pourquoi ?

....

....

....

Qu'est-ce que me procurerait comme sensation d'oser ?

....

....

....

3. Je n'ose pas…

....

Pourquoi ?

....

....

....

Qu'est-ce que me procurerait comme sensation d'oser ?

....

....

....

« Ne maigris pas trop, on ne va plus te reconnaître, tu es bien comme tu es ! »

Roses – Brock Hewitt

Cette phrase paraît de prime abord bienveillante, pourtant, elle m'a fait plus de mal que de bien. Elle m'a été dite à plusieurs reprises lorsque j'ai débuté un régime alimentaire et que je me suis mis au sport.

J'ai toujours eu une relation très compliquée avec mon corps. Je ne l'ai jamais vraiment aimé car il n'a jamais réagi de la même façon que les corps de mes proches ou de mes amis. J'ai toujours eu cette capacité à stocker de la graisse plus vite que la moyenne. Je prends du poids très rapidement et je n'ai jamais réussi à m'habiller avec des vêtements de mon âge quand j'étais petit. Je me souviens qu'à 13 ou 14 ans, j'étais obligé d'aller au rayon adulte pour trouver des vêtements à ma taille. Les jeans étaient alors beaucoup trop longs, il fallait à chaque fois faire des ourlets.

Prendre du poids m'a pourri la vie. C'est vraiment la chose la plus horrible que j'ai pu vivre, car elle charrie de nombreux stigmates. Je me souviens d'une de mes grands-tantes, très mince, qui comparait son jean au mien. Elle disait devant tout le monde en explosant de rire : « Avec son jean, je peux m'en faire au moins une dizaine ! » Tout le monde rigolait, et moi je mourais de honte. J'avais honte car j'étais gros. J'avais honte car les membres de ma propre famille se moquaient de moi car j'étais gros. Quel niveau de stupidité et d'intolérance faut-il atteindre pour infliger cela à un enfant ? Je n'ai jamais pleuré devant les autres car je voulais paraître fort, je ne voulais pas montrer mes faiblesses car j'avais peur que des personnes malintentionnées en jouent et remuent le couteau dans la plaie. Mais, intérieurement, j'étais anéanti.

Je vais vous expliquer pourquoi la phrase : « Ne maigris pas trop, on ne va plus te reconnaître, tu es bien comme tu es ! » est nocive. Quand on ne se sent pas bien dans son corps, quand on est torturé à force de voir des corps sculptés sur les réseaux sociaux, cette phrase est destructrice. C'est un peu comme si on vous disait : « Si tu te débarrasses de ce mal-être qui te détruit, tu ne seras plus toi-même. On ne te reconnaîtra plus. » Vous allez dire que c'est un peu tiré par les cheveux, mais c'est ainsi que je l'ai ressenti. J'avais l'impression d'entendre : « Tu peux essayer d'aller mieux, mais, dans nos yeux, on te préférera toujours gros. » Comme si « être gros » te caractérise et fait que l'on t'aime.

Je ne dirai jamais à qui que ce soit que c'est bien d'être gros ou maigre. Il faut avant tout se sentir à l'aise dans son corps. Ne laissez pas les gens influencer vos choix. Si vous voulez perdre du poids, c'est votre choix et tout le monde doit le respecter. C'est votre corps, vous en avez la propriété.

J'ai simplement un petit conseil, que j'aurais dû appliquer dès le départ : aimez votre corps, prenez-en soin, ne le martyrisez pas ! Apportez-lui tout l'amour dont il a besoin. J'ai martyrisé le mien avec des régimes répétés. Un yo-yo incessant qui ne lui a pas fait de bien, au contraire : ça l'a déformé et abîmé. Je l'ai privé, affamé Aujourd'hui, je l'accepte, je le façonne. J'y vais doucement, mais sûrement. J'apprends à lui donner ce dont il a besoin. Une meilleure alimentation, de l'activité physique et beaucoup d'amour.

Je pense qu'il faut se respecter. Beaucoup de personnes détestent leur reflet dans le miroir et se critiquent tout en s'observant. J'ai pris conscience que je devais chérir mon corps tout en l'acceptant. Avant je me disais : « Quelle galère » quand je me regardais dans le miroir. Désormais, je me dis : « On va arriver à vivre ensemble. » Je sais très bien que je n'appartiendrai jamais à la catégorie « mannequin » car ma morphologie est différente. Est-ce que cela me rend triste ? Non ! Les mannequins ont eux aussi des problèmes à gérer. Combien de reportages, de témoignages révèlent l'horreur de ce métier ? Comme l'impression qu'eux-mêmes ne seront jamais assez minces, assez sculptés pour la fonction. Le mal-être existe aussi bien chez les personnes obèses, en surpoids que chez les personnes minces ou maigres... Nous sommes beaucoup à vivre avec une mauvaise image de notre corps.

Depuis que j'ai compris que mon corps devait être chéri plutôt que torturé, je vis mieux avec mes kilos en trop. J'essaie de les perdre, en douceur, sans me mettre de pression. Il faut accepter sa morphologie, et si l'on souhaite se mettre des objectifs, il faut qu'ils soient réalisables. Y aller tout en douceur, pour ne pas se maltraiter et ne pas craquer. Quand j'ai perdu 25 kg, je me privais de nourriture, je mangeais à peine et je faisais du sport à raison de une heure et demie de cardio cinq fois par semaine ! Après six mois intenses, j'ai fini par me relâcher car le rythme devenait incompatible avec mon travail. Et surtout, mon corps ne suivait plus. Nous sommes tous différents, nos corps et nos façons de réagir également. Je me souviens d'un ami au lycée qui pouvait manger trois hamburgers sans prendre un gramme, alors que je prenais 2 kg en en mangeant un seul. Il me disait qu'il n'avait qu'une envie, prendre du poids, mais qu'il n'y arrivait pas. Cette situation était tellement frustrante, pour lui comme pour moi ! J'envie toutes ces personnes qui n'ont pas de problème avec la prise de poids, elles peuvent se concentrer sur autre chose.

« Il est urgent de vivre ! »

Fix You – Coldplay

C'est une phrase que je me répète tous les matins ! On passe notre vie à se soucier de ce que les autres vont penser de nous. À quoi cela sert ? Sommes-nous plus heureux ? Comme on dit : « Les goûts et les couleurs ne se discutent pas. » J'ai souvent entendu cette maxime, et pourtant chacun fait attention au regard des autres, occultant souvent ses propres goûts. On ne pourra jamais contenter tout le monde. Il y a toujours quelqu'un qui aura quelque chose à dire sur ce qu'on porte, sur les endroits qu'on fréquente, sur notre entourage… Alors vivons ! Profitons de chaque instant avec les gens qu'on aime. Un bon repas, un bon verre de vin, des rires, des amis, il n'y a rien de mieux, de plus simple pour moi. Cela ne conviendra sûrement pas à tout le monde, et heureusement. Ce serait tellement triste que nous ayons tous les mêmes goûts !

Je vais vous raconter ma journée type, quand je ne suis pas sur scène. Une journée type d'un samedi de repos. Une journée qui me fait du bien.

Je me lève vers 7 h 30 voire 8 heures, je promène mes chiens et je passe du temps avec eux. Souvent, je m'allonge près d'eux car je trouve qu'ils sont une vraie source d'amour. Les animaux de compagnie ne vous jugent jamais. Ils sont toujours heureux de vous retrouver après une nuit de sommeil ou en rentrant du travail. On doit prendre soin d'eux, et créer ensemble une relation de confiance et d'attachement. Aujourd'hui, je connais les besoins de mes chiens, j'ai appris à décrypter leur comportement et ils savent désormais que je les comprends. On ne peut décrire l'amour qui s'installe entre nos animaux de compagnie et nous. C'est un lien particulier qu'on n'échangerait pour rien au monde.

Après ce moment de calme, j'enchaîne avec une bonne douche. Glacée au début puis tiède. Je ne supporte pas l'eau trop chaude, j'ai comme l'impression qu'elle va faire fondre ma peau ! Je me prépare et avec Julien, mon mari, nous sortons nous chercher un *latte*. Pour moi, ce sera avec du lait de soja et un peu de vanille. Parfois, je me prends un roulé à la cannelle. Un délice ! (Des adeptes du *cinnamon roll* ici ?) Ensuite, on flâne dans le Vieux-Lille, dont j'aime les rues pavées, l'architecture aux influences flamandes. On se sent bien dans le Vieux-Lille, c'est comme un village en plein cœur d'une ville. J'aime y aller le matin, tôt, car les rues sont encore assez vides. On quitte ensuite le quartier pour faire un tour dans le *concept store* de nos amis Sophie et Pierre. On peut facilement y rester une bonne heure, et on repart rarement les mains vides. On se dit « au revoir » en sachant pertinemment qu'on se reverra sûrement le soir ! Chez nous, chez eux ou chez notre ami Thibault.

De retour à la maison, je passe du temps avec Philibert et Socrate (mes chiens), tout en regardant une série. Je me mets au piano, je joue, je chante, je compose, j'écris, je rature, je recommence encore et encore et puis j'arrête. Cette fois, je fais le premier pas. Un petit message dans le groupe WhatsApp LOVE : « Coucou, on se voit ce soir ? »

Ça y est, les invitations sont lancées ! Je cuisine mes fameuses lasagnes, réputées chez nos proches ! Mon petit secret de cuisine : j'enlève la sauce béchamel et la remplace par du mascarpone. Dans le plat : une couche de crème fraîche dans le fond, une couche de pâte à lasagnes, ma sauce bolognaise avec la tomate, la viande hachée, les oignons caramélisés, les petits morceaux de carottes et un peu de vin rouge. Je dispose des petits tas de mascarpone un peu partout et je recommence jusqu'en haut du plat. J'ajoute ensuite une bonne couche de comté râpé. Un vrai délice ! Autre petit conseil : je laisse cuire ma sauce tomate pendant au moins une heure et demie ; je trouve que le goût de la tomate ressort vraiment quand la cuisson est longue. J'adore les tomates, c'est l'un de mes aliments préférés et c'est ce qui donne leur goût aux lasagnes. Apparemment c'est un délice, elles ne font jamais long feu !

Il est 19h30, tout le monde débarque à la maison ! Un gin tonic aux fruits rouges, *please* ! La soirée passe à une allure folle, on parle de tout et de rien, on est ensemble et c'est si bon ! On se soutient, on s'aime tout simplement. Il n'y a pas de guerre d'ego, il y a simplement des humains souhaitant passer le peu de temps qui nous est alloué sur terre dans de bonnes conditions. Et puis arrive déjà l'heure de retrouver Morphée.

Ce n'est pas grand-chose, mais c'est l'essentiel pour moi : vivre de bons moments avec ceux que j'aime. Ce type de journée ne fait sûrement pas envie à tout le monde. Peu importe, si ça me plaît et me fait du bien. Certains préfèrent s'aérer, d'autres dormir toute la journée, faire du shopping, sauter à l'élastique, surfer, courir… et c'est tant mieux !

Et si vous preniez le temps de réfléchir à une journée type qui vous fait du bien ? À vous d'écrire : « Une journée qui me fait du bien commence à… »

....

....

....

....

....

....

Press play
(Olympe/Jérôme Brulant/Théo Grasset)

T'es solaire
T'es solaire
Mais personne ne le voit
Tu galères
Tu galères
Et clairement ça se voit
Du charme à disposition
Prends-le dans tes rayons
Ton sourire
Ton sourire
Pourrait t'ouvrir des bras
Fais-les rire
Fais-les rire
Ceux qui montrent du doigt
Tes belles imperfections
Te donneront raison
T'as déjà tout pour briller
Tout est déjà là sous ton nez

VIVRE SANS REGRETS

T'as déjà tout pour briller
T'as les codes du succès
Tu n'as plus qu'à Press play
Tu prends l'air
Tu prends l'air
De ce que tu n'es pas
Le revers le revers
Fait mal à chaque fois
Dans les murs tu te fonds
Comme un caméléon
Tu tolères
Tu tolères
Tout ce qu'on croit de toi
C'est l'enfer c'est l'enfer
Et tu y vas tout droit
T'as compris la leçon
Donc vas-y monte le son
T'as déjà tout pour briller
Tout est déjà là sous ton nez
T'as déjà tout pour briller
T'as les codes du succès

Tu n'as plus qu'à Press play

T'as déjà tout pour briller

Tout est déjà là sous ton nez

T'as déjà tout pour briller

T'as les codes du succès

Tu n'as plus qu'à Press play

Cette chanson, présente dans mon album *Press Play*, est un véritable hymne ! Nous passons souvent notre vie à ne pas nous sentir assez bien, à baisser les bras alors que, la plupart du temps, toutes les choses nous permettant de briller sont en nous. Il suffit de prendre une grande inspiration, d'appuyer sur *play* et de montrer qui nous sommes !

« Est-ce que je serai assez bien pour eux ? »

Coward – Yael Naim

Cette phrase m'a accompagné toute mon adolescence et les premières années de ma vie d'adulte. Mon obsession était de plaire aux autres, quitte à mettre celui que j'étais vraiment de côté. Je ne me pensais pas assez bien pour être accepté par les autres. Je me suis donc caché sous des futilités pour être accepté. Je viens d'une famille modeste, j'avais envie de me faire accepter par ce que je croyais être « l'élite ». Je pensais qu'avoir des vêtements de grandes marques serait un moyen d'être reconnu, un moyen d'être accepté. Faux. Au final, plaire à tout le monde, c'est plaire à n'importe qui. Je voulais copier le style de tous les élèves populaires de mon lycée. Ce qui était en vogue à l'époque, c'était les polos Ralph Lauren ou encore Vicomte A. Mais je me suis rendu compte qu'on ne peut décidément pas plaire à tout le monde, même en déployant toute notre énergie. J'ai aussi vidé mon compte en banque à force d'acheter des vêtements qui pouvaient potentiellement plaire aux camarades avec qui j'essayais de créer des liens d'amitié. Depuis quand des vêtements de marque devraient être le moyen de se faire des amis ?

J'ai étouffé qui j'étais vraiment : une personne simple, emphatique, qui voulait vivre des moments intenses avec de vrais amis. Quelqu'un qui n'avait pas honte de dire qu'il adorait écouter Céline Dion ou Lara Fabian. Un garçon qui aimait les bijoux, les objets brillants, qui avait envie de *fun* dans sa vie. J'avais soif d'aventure. J'avais trop peur de parler en public car j'avais toujours ce sentiment d'infériorité, cette idée que je ne serai pas capable d'être apprécié, respecté par les autres. Je n'assumais pas mes goûts, je ne contredisais jamais les autres. J'avais aussi besoin d'amour et je n'en parlais pas, car j'avais peur de paraître faible. Mais avoir besoin d'amour n'est pas une faiblesse, c'est montrer aux autres que nous sommes humains !

Être moi-même a été la révélation de ma vie ! Je n'ai plus peur d'assumer mes choix, mes goûts. Prendre la parole en public est devenu naturel et je ne le redoute plus. Sincèrement, rien de mieux n'aurait pu m'arriver. Je me suis trouvé, accepté et je compose désormais ma vie avec chaque parcelle de mon caractère. J'aime être moi car je ne triche pas et surtout, parce que cela ne me prend pas des heures de préparation. Je ne vais pas vous mentir : prétendre être quelqu'un d'autre est épuisant, c'est chronophage. On passe un temps fou à se questionner intérieurement : « Que vont-ils penser si je dis ça ? », « Est-ce qu'il va m'aimer si je lui raconte ça ? » C'est un questionnement permanent qui nous pourrit la vie. On passe à côté de moments importants, de moments de bonheur, parfois. Ne pas être la personne que l'on est vraiment, c'est une bombe à retardement. Un jour ou l'autre, la vérité éclatera et vous passerez pour un menteur, un manipulateur… Être soi-même, c'est vivre ! Prétendre être soi-même, c'est survivre continuellement.

Toutes mes relations de l'époque de l'adolescence ne sont aujourd'hui que des ruines, résultat d'années à jouer le rôle d'un autre. C'est triste car malgré les bons moments, je ne retiens rien de bien de cette période, uniquement de la souffrance. Quand je me remémore la période du lycée, je ne vois que le bal des menteurs. Je formais un petit groupe avec trois autres amies. On se pensait inséparables, mais finalement, plus personne ne se donne de nouvelles, nous n'avons plus du tout de contacts. Je me souviens de quelques embrouilles à cause de choses futiles. On me reprochait d'avoir parlé à Untel et ça ne plaisait pas. Il ne s'agissait que de liens « exclusifs ». Je pense que ces personnes avaient peur de se retrouver seules. Chacun se croyait le roi ou la reine du monde, nous n'étions que des imbéciles, les bouffons du roi.

Je pense que je souhaitais plaire aux mauvaises personnes. Sincèrement, je crois même être passé à côté de vraies amitiés en me tournant vers les mauvaises personnes. Vous savez, dans une classe, on catégorise vite les élèves. Il y a ceux qu'on appelle « les gens à problèmes » car ils semblent rebelles ; il y a ceux qui semblent parfaits car issus de familles aisées ; il y a les sportifs, les intellos et les autres. Tout est faussé dès le départ. J'ai eu plus de problèmes avec les personnes qui semblaient n'en véhiculer aucun. *A contrario*, les « gens à problèmes » m'ont souvent donné des coups de main et m'ont été d'une aide formidable alors que ceux que je fréquentais auraient pu me laisser dépérir sur le bord de la route. Voici un exemple qui me fait rire aujourd'hui : j'étais en seconde, l'année venait de débuter, je me suis rapproché d'une élève qui venait de Saint-Nazaire. Elle était nouvelle et semblait très sympathique. Nous avions une heure de permanence entre deux cours. Un foyer était à disposition dans le lycée. Nous pensions avoir le choix entre aller au foyer ou en permanence. Nous nous sommes donc dirigés vers le foyer. Avant d'y entrer, elle m'a annoncé devoir faire demi-tour car elle avait oublié quelque chose en classe. Je suis entré dans le foyer, et au bout de vingt minutes, elle ne m'avait toujours pas rejoint. À la fin de l'heure, j'ai été convoqué chez le CPE car je n'étais pas allé en permanence, le foyer étant apparemment interdit entre les heures de cours. Ma camarade le savait très bien mais m'avait laissé faire. Elle aurait pu me prévenir, mais avait préféré « sauver sa peau » et me laisser me faire engueuler. Avec le recul, ce n'est pas très grave, mais cela me fait penser à une expression que j'adore : « Gentil n'a qu'un œil. » Mon arrière-grand-père Émile me répétait souvent : « Il faut que jeunesse se passe. » C'est un cheminement de vie.

Rien de pire qu'un sourire qui n'est pas sincère

Couché dans ma peine – Olympe

Je me souviens de ces nombreuses fois où l'on m'a dit : « Tu es plus beau quand tu souris. » J'aime beaucoup rire, mais il arrive des moments dans la vie où nous n'avons pas forcément envie de sourire. Je n'aime pas les sourires forcés, ceux qui ne sont pas sincères. Pour moi, un sourire doit être une explosion de sincérité pour qu'il puisse diffuser ses bonnes ondes. J'ai du mal à supporter les gens qui sourient à longueur de journée pour essayer d'amadouer les autres, de les convaincre qu'ils sont sympas, pour aveugler. Souriez quand vous en avez envie, soyez vous-même ! La mélancolie n'est pas une chose horrible. Pour moi, elle est à différencier de la tristesse. La définition littéraire de la mélancolie est d'ailleurs : « État de tristesse vague accompagné de rêverie. » La mélancolie est une sensation assez douce qui nous fait plonger dans des endroits obscurs tout en gardant l'espoir de jours meilleurs. « Je l'aime tant la mélancolie, je la laisse s'endormir dans mon lit, et je me couche à ses côtés. » Ces paroles sont tirées de ma chanson *Couché dans ma peine* que, vous pouvez écouter en lisant ce chapitre.

Personnellement, je suis plus inspiré quand je suis mélancolique, je trouve qu'il y a plus de profondeur dans mes mélodies et mes textes. Attention, je ne dis pas que tout le monde doit penser comme moi ! Je dis simplement qu'on ne devrait pas reprocher à quelqu'un d'aimer la mélancolie. On ne devrait pas demander à quelqu'un de porter le masque du sourire s'il n'en a pas envie. Vivez avec vos émotions, sans les refouler ! Elles font partie de vous, de votre personnalité. Il ne sert à rien de cacher, de refouler ce que nous sommes. Si vous avez envie de rire aux éclats, riez sans attendre ! Si, au contraire, cela vous fait du bien d'écouter de la musique triste, n'en déplaise aux autres, faites-le. On ne devrait jamais être obligé de se justifier de ce que l'on ressent. J'ai d'ailleurs entendu un jour une phrase qui m'a profondément choqué. Un homme s'adressait à une dame de son entourage : « Tu es grosse et en plus tu fais la gueule ! » Cette dame avait l'air tellement mal dans sa peau… Je n'avais qu'une envie, aller la voir et lui dire : « Vous êtes belle, ne laissez personne vous humilier ! » J'étais adolescent et je n'ai pas trouvé le courage de le faire… Aujourd'hui, je le regrette et je me suis juré de ne pas hésiter à agir si la situation devait se représenter. Qui sont ces gens qui se permettent d'humilier les autres ? Se croient-ils au-dessus de tout le monde pour agir de cette façon ? Ça me dépasse ! Qu'ils vivent leur vie et lâchent celle des autres !

Écouter de la musique dans la rue

Summertime Sadness – Lana Del Rey

Il n'y avait pas de musiciens dans ma famille, mon grand-père Daniel et mon arrière-grand-mère Paulette aimaient chanter mais ce n'était rien d'autre qu'un passe-temps. La musique a été mon exutoire, mon unique moyen d'expression. Elle fait donc partie intégrante de ma vie. Quand j'allais mal, j'écoutais des chansons. J'avais l'impression que quelqu'un d'autre avait vécu une émotion semblable à la mienne et en avait fait une chanson pour aider les autres. Je pense que les artistes écrivent des chansons avant tout pour se guérir eux-mêmes, mais le fait que les paroles ou les notes puissent résonner dans d'autres cœurs, c'est l'un des aspects qui me fait vibrer et qui me donne envie d'écrire des chansons ! Ces chansons que j'écoutais m'aidaient à comprendre ma tristesse, à la vivre et à m'en détacher.

J'écoute beaucoup de musique en marchant, je trouve que c'est inspirant et les chansons varient selon mon humeur, selon la météo, aussi. Peut-être que vous le faites également ? Je mets mes écouteurs, j'appuie sur *play* et me voilà lancé ! Quand le ciel est tourmenté, j'aime écouter des chansons mélancoliques. Un de mes coups de cœur pour marcher dans la rue, dans le vent, c'est *Summertime Sadness*, de Lana Del Rey. Les jours de tempête, j'aime marcher dans la rue en écoutant *Run boy Run*, de Woodkid. Les jours de soleil, c'est plutôt *As it was*, de Harry Styles.

Lorsque j'habitais à Paris, j'aimais beaucoup me promener dans les rues le soir. J'habitais dans le 8ᵉ arrondissement et je me rendais au parc Monceau. Je marchais jusqu'à l'avenue Marceau, que je descendais au rythme de la musique. J'écoutais souvent *Teeth* de Lady Gaga, car je trouve que pour marcher en rythme il n'y a rien de mieux ! Parfois, je me croyais même dans un clip ! Je ne sais pas ce que ça donnait pour les gens qui marchaient sur le même trottoir que moi sans avoir de musique dans les oreilles. Ça devait sûrement être surprenant et drôle ! D'ailleurs, je souriais parfois car les gens marchaient au rythme de la musique que j'écoutais, sans le savoir, sans l'entendre. Une vraie synchronisation ! J'aime marcher la nuit. J'aime la nuit, sa mélancolie et l'espoir d'un nouveau jour qu'elle promet.

Ces moments, seul, à marcher pour faire le vide dans ma tête et pour avancer, étaient nécessaires, avec ou sans sourire. Quand j'avais une déception amoureuse, je choisissais la chanson la plus triste de ma *playlist*. Cela peut vous paraître bizarre, mais j'avais vraiment besoin de toucher le fond émotionnellement parlant pour pouvoir remonter à la surface plus rapidement.

Encore une fois, chaque personne a sa propre méthode et ses propres goûts. C'est juste ma méthode pour aller mieux ! Aujourd'hui encore, j'ai besoin de ces moments de musique, seul. D'ailleurs, il y a une pépite que vous devez absolument écouter. Il s'agit de *My mind* de Yebba ! Vous pouvez également voir la vidéo de son live sur YouTube. C'est un pur moment d'émotion, et quelle voix, quelle technique ! J'ai eu des frissons dans tout le corps à la première écoute !

Et, vous ? quelles sont vos trois chansons préférées à écouter dans la rue ?

1. ....

2. ....

3. ....

Si quelque chose ne se fait pas, c'est qu'autre chose de plus grand nous attend par la suite

Doin' Time – Lana Del Rey

Plus jeune, je me suis souvent découragé lorsqu'un projet n'allait finalement pas à son terme. J'avais l'impression que le monde s'écroulait et que ma vie n'avançait pas. J'étais déprimé car je mettais beaucoup d'espoir dans chacun de mes projets. Par exemple, lorsque j'avais une audition, je me disais : « Ça peut changer ma vie ! » J'avais l'impression de pouvoir accéder à mon plus grand rêve. Je me prenais à imaginer les prochains mois, les prochaines années. Les moments sur scène, les applaudissements… Mais à chaque fois, cet espoir était stoppé net. J'étais vraiment en souffrance, je pensais sans cesse à ce que le projet aurait pu m'apporter si ma participation à celui-ci s'était concrétisée. J'allais de déception en déception et j'étais vraiment prêt à abandonner.

Je vais d'ailleurs vous raconter une anecdote. Lorsque l'on m'a contacté pour participer aux préauditions de *The Voice*, j'étais vraiment excité par cette nouvelle ! Mais le jour J, j'ai failli ne pas y aller. Je me disais : « Encore une audition qui ne va pas se concrétiser. Pourquoi m'infliger une nouvelle déception ? » Finalement, c'est Camille, ma meilleure amie, qui m'a dit : « Allez, on y va, il faut y croire ! » Nous nous sommes rendus sur le lieu de l'audition et tout s'est très bien passé. Vous connaissez la suite… *The Voice* a vraiment été l'un des plus beaux moments de ma vie !

Depuis ce jour, je suis convaincu que si un projet ne se réalise pas c'est qu'un projet encore plus grand nous attend. Il faut s'armer de patience et continuer à travailler pour perfectionner son art. Je me souviens également avoir été déçu lorsque mon dossier n'a pas été retenu pour le premier appartement que j'avais visité à Paris. Finalement, l'appartement dans lequel je me suis installé était vingt fois mieux que le premier visité ! Souvent, nous sommes pressés, impatients… Je me dis que tout arrive pour une bonne raison. C'est vrai que c'est difficile de ne pas avoir de visibilité sur nos projets, d'être dans le flou… Ça m'a torturé. Aujourd'hui, je profite de chaque moment de bonheur que la vie m'offre, et, lorsque les événements sont plus sombres, je patiente. Il y a quelques années, je n'étais pas certain de pouvoir ressortir un album. J'ai pris du temps pour moi, j'ai douté, je me suis posé mille questions et puis un jour, un élément dont je vous parlerai un peu plus loin dans le livre a fait que tout s'est débloqué. J'ai ensuite créé mon label et suis devenu libre.

Quand tout va mal, je me dis que les beaux jours reviendront. La vie est un éternel recommencement. Ne vous découragez pas !

Et si vous faisiez la liste des projets qui ne se sont pas réalisés mais qui ont finalement été suivis de projets encore plus fous ? Cela peut être également des événements, des voyages, des choses plus simples. C'est à vous !

- ....
- ....
- ....
- ....
- ....
- ....
- ....
- ....
- ....
- ....
- ....
- ....
- ....
- ....

« Tu es trop gros, on doit te cacher derrière un piano ! »

Never let me go – Florence + The Machine

J'ai entendu cette phrase lors d'un rendez-vous avec mon équipe artistique, en 2014. Le but de cette réunion était de faire le point sur les projets. Au bout de trois minutes de rendez-vous, mon agent me dit donc cette phrase : « On ne veut plus de toi en télé, ça devient compliqué car tu es trop gros, on doit te cacher derrière un piano. » C'est la phrase la plus humiliante que j'ai pu entendre dans ma vie ! On utilisait mon instrument de musique comme un moyen de me cacher et non un moyen artistique de m'exprimer. Cette phrase m'a donné l'impression de ne pas être un artiste. Comme si mon talent artistique passait au second plan et que mon physique prenait toute la place. Je ne suis pas mannequin ! Je suis auteur-compositeur-interprète-pianiste. Cette phrase était un moyen de me blesser, car mon équipe artistique connaissait mon manque de confiance en moi, en grande partie dû à mes problèmes de poids depuis tout petit. Ces personnes connaissaient mon combat contre les kilos en trop depuis longtemps. Nous en avions parlé lors de notre tout premier rendez-vous. Elles m'ont également encouragé à passer sur une table d'opération pour « régler ce problème ».

On me dira qu'être chanteur est un métier d'image, qu'il faut faire rêver les gens. En disant cela, on ferme la porte à toutes les personnes qui ne rentrent pas dans les standards imposés par notre société. On dit clairement : « Pour être artiste il faut être beau, mince, grand. » C'est refuser la diversité de ce monde, dire non aux différences ! La voix de quelqu'un ne devrait pas être plus écoutée qu'une autre parce qu'il ou elle correspond à des standards de beauté. Ne mettons pas les gens dans des cases ! C'est une vision vieillissante de la musique et de la télévision.

Le monde de la télévision est d'ailleurs un monde à part : on passe en boucle et sur toutes les chaînes la même dizaine d'artistes, puis on s'étonne que les audiences baissent. Il n'y a pas de renouvellement, tout est dicté par les alliances, les amitiés des programmateurs et surtout l'argent. On ne laisse pas la chance aux autres si on n'y trouve pas un intérêt personnel. L'argent est au cœur de tout. Il arrive souvent d'avoir le même artiste sur deux chaînes différentes, en même temps ! Si tu n'es pas dans une grande maison de disques, que tu n'arrives pas avec un gros billet à mettre sur la table, tu ne seras pas diffusé sur les ondes des grandes radios. Malgré un travail acharné, une très bonne chanson, il y a peu de chances que les artistes indépendants soient mis en avant. C'est triste, mais c'est la réalité et ça ne va pas en s'arrangeant. Nous sommes confrontés à ces murs chaque jour. Je rêve d'un monde artistique dans lequel les programmateurs laisseraient leur chance aux artistes « en développement ». Dans lequel ils diffuseraient des titres qu'ils aiment réellement et pas seulement parce que la maison de disques a déposé un gros chèque sur la table. Que risquent-ils à intégrer dans leur programmation des jeunes artistes d'horizons différents et d'apparences différentes, si ce n'est ouvrir leurs audiences à un public plus vaste ?

En France, il faudrait que les programmateurs cessent leurs magouilles et fassent leur boulot comme ils devraient le faire. Combien de fois ai-je entendu : « On adore la chanson, mais on doit développer les marques. » Par « marque » ils entendent « les artistes qui ont connu un ou plusieurs succès ». Dans cette logique, il faut donc être connu et vendre des albums pour être diffusé. Je pensais que pour être connu, il fallait une bonne chanson et être diffusé sur les radios ! Ce qui engendrerait des ventes d'albums, des concerts, etc. Cela paraît logique et pourtant…

Si vous saviez le nombre de fois où mon ancien entourage artistique m'a mis des bâtons dans les roues en donnant de faux numéros de téléphone pour qu'on ne puisse pas me contacter afin de participer aux émissions de télévision. Pourquoi agir ainsi ? Qu'y avait-il en jeu à part me nuire ? Ces personnes ont de l'argent, une vie plutôt sympa. Pourquoi vouloir briser les rêves des autres ? Ce sont clairement des gens pourris jusqu'à l'os. Il était vraiment nécessaire que je m'en éloigne…

Voici à ce propos une anecdote. Un jour, je reçois un e-mail d'une agence qui s'occupe de trouver du public pour les émissions de télévision. Par curiosité, je regarde quelles sont les émissions en cours de tournage. Je vois que mon nom apparaît dans la liste des invités de l'une d'entre elles. N'étant pas au courant, je contacte sur Twitter la programmatrice. Je lui dis qu'il doit y avoir une erreur car je n'ai pas été contacté pour participer. Elle me répond que mon agent lui a donné mon numéro de téléphone, mais que je n'ai jamais répondu malgré ses dizaines d'appels. Je trouve cela assez louche car, à l'époque, je viens de me séparer de mon agent. Je lui demande quel numéro de téléphone elle a en sa possession : il s'agit d'un faux numéro ! Mon ancien agent lui avait donné un faux numéro afin qu'elle ne puisse pas me contacter, pour me faire passer pour un mec qui n'est pas sérieux ! Je crois vraiment au karma, et je pense qu'agir d'une manière fourbe envers d'autres personnes ne t'apportera rien d'autre qu'un bon retour de bâton. Personne ne mérite une telle humiliation. Personne ne devrait être lâchement abandonné comme je l'ai été. Seul dans la fosse aux lions, blessé.

Nous avons grandi dans une société grossophobe. Aujourd'hui, la lutte contre la grossophobie doit également passer par le monde de la musique et de la télé. Des nouveaux artistes émergent et commencent à faire leur place. En France, parlons d'Yseult, de November Ultra, de leurs voix incroyables et de leurs univers. Aux États-Unis, de nombreux artistes tiennent la scène comme personne, Lizzo en est un exemple. Mais attention, cela ne veut pas dire que la bataille est gagnée. Même si des artistes en surpoids ou obèses sont mis en avant, ce n'est qu'une infime poignée de talents, et la grossophobie est toujours présente, notamment sur les réseaux sociaux *via* les nombreux commentaires que nous pouvons y lire. Prenons l'exemple de Sam Smith, adulé par la communauté gay quand il a fait son régime et est arrivé en tête des *charts*. Aujourd'hui, il a repris du poids, il se sent libre et assume complètement qui il est… Pourtant, il est moins soutenu par la communauté homo car il a grossi. Même les minorités se stigmatisent entre elles ! C'est un combat de longue haleine et c'est parfois épuisant. Mais il ne faut rien lâcher, car la finalité est tellement importante pour bon nombre d'entre nous.

Je suis assez content de voir aujourd'hui de la diversité dans le monde artistique, surtout aux États-Unis… Je suis content de voir des corps avec toutes les morphologies, de différentes couleurs et que l'on reconnaisse enfin du talent à tous ces artistes. La France a encore du chemin à faire, un long chemin. Mais j'y crois ! C'est peut-être utopique mais je crois en l'humanité. Je me dis surtout que personne n'est irremplaçable : les programmateurs devraient évoluer au risque d'y laisser leur poste. Un changement est en marche, et il faut réagir.

Accepter les autres, c'est s'accepter soi-même

My sweetheart – Yael Naim

Et si nous commencions à accepter les autres ? Et si nous nous libérions de toutes les remarques et critiques désobligeantes ? Combien de fois avons-nous entendu : « Tu as vu celle-là comment elle est habillée ? », « Qu'est-ce qu'il est gros ! », « Qu'est-ce qu'elle est maigre ! », « Sa couleur de cheveux est à vomir ! », et j'en passe… Tout le monde se permet d'émettre une critique sur les autres, alors que personne ne demande rien. Nous évoluons dans une culture de la critique. Et si nous acceptions toutes les personnes avec leurs différences ? Arrêter de souligner les particularités de ceux qui nous entourent, c'est aussi arrêter de souligner nos propres particularités. Parfois, elles nous font souffrir car elles ont été un jour soulignées elles aussi. Pourquoi faire subir aux autres ce qui nous a fait souffrir, et peut encore nous faire souffrir ?

Vous devez vous dire que c'est impossible, que tout le monde ne jouera pas le jeu. Il faudrait déjà commencer par le cercle proche. J'ai tendance à croire qu'adopter un bon comportement aura un impact sur les autres, et que cela les amènera sûrement à se poser les bonnes questions et à adopter cette nouvelle façon d'être. On constate quand même une évolution dans notre société : certains profils dits « particuliers » sont désormais mis en avant, et petit à petit, tout se met en place. Rien n'est gagné, diffusons les bonnes ondes, la joie de vivre, le partage, la tolérance ! Tous ces aspects de la vie qui ne font pas de mal à l'autre, et qui peuvent l'élever, le valoriser. Acceptons-nous, soulignons nos atouts, acceptons les autres, soulignons leurs atouts !

Le show est terminé

June – Florence + The Machine

On m'a souvent demandé ce que je ressentais après un concert, lorsque le show est terminé. Pour être franc, après un concert, je ne sais pas vraiment où je suis. Je suis là sans être là. Comme l'impression de me retrouver dans une autre dimension. La pression est tellement forte avant de monter sur scène : il y a une adrénaline qui nous pousse à nous surpasser, à donner le meilleur de nous-même. Alors, lorsque la dernière chanson du concert est terminée, que les lumières se rallument dans la salle, et que je me retrouve dans les loges, je plane, je suis dans une certaine euphorie. Je suis en méga forme, je me sens même prêt à recommencer un concert ! Mais cet état ne dure qu'une bonne heure. Ensuite, la pression redescend et un grand vide s'installe. L'impression que ce moment hors du temps est déjà loin, que je dois dire au revoir à quelqu'un que je ne reverrai jamais.

Ce concert qui a été ne sera plus jamais. En tout cas, aucun concert ne sera plus jamais pareil. C'est un peu de moi qui se brise. J'ai le sentiment que le concert qui vient de se terminer était le dernier. Je suis alors dans une mélancolie intense, épuisé mais je n'arrive pas à dormir. Mes pensées sont exclusivement concentrées sur le concert qui vient de se dérouler. Je regarde les vidéos partagées sur les réseaux sociaux, je *like*, je commente pour remercier, je partage. J'écoute pour savoir si j'ai bien chanté, ce qui pourrait être amélioré ou reproduit lors de prochains concerts. C'est une sorte de deuxième partie de soirée qui commence.

Le réveil du lendemain de concert est spécial également. Je dors très peu après ce genre d'événement et je dois assez souvent me lever aux aurores pour reprendre le chemin de la maison ou du prochain lieu de spectacle. Je cache mon état de fatigue derrière mes grandes lunettes de soleil noires. Le lendemain est aussi un moment de grand vide. On passe tellement de temps et on dépense tellement d'énergie à préparer un show ! C'est difficile de se retrouver seul après avoir été entouré de tant de personnes bienveillantes.

C'est un si grand bonheur de partager ma musique, de vivre ces moments, de découvrir ou revoir des visages familiers ! J'ai tellement de chance d'être suivi par des personnes adorables qui viennent me voir un peu partout. On tisse des liens depuis 2013, c'est intense ce qu'on a vécu. Parfois, des visages disparaissent et laissent un grand vide. J'ai le sentiment d'avoir perdu quelqu'un de ma propre famille. C'est déchirant. Je pense notamment à « Mamie » (c'est comme cela qu'on l'appelait), toujours accompagnée de Virginie, sa petite-fille. Il y a quelques années, elle nous a brusquement quittés. Je me rappelle de chaque moment passé avec elle, de son grand sourire quand j'arrivais, de ses yeux qui brillaient. Je me dis que c'est une chance d'avoir pu vivre d'aussi beaux moments ensemble. J'ai été vraiment très touché lors de sa disparition, et il n'y a pas un concert qui passe sans que je pense à elle. Je l'espère en paix, où qu'elle se trouve.

À force de rencontrer le public, j'ai l'impression que nous formons une sorte de grande famille. J'ai souvent le sentiment de ne pas donner assez. J'aimerais faire beaucoup plus, je ne sais pas toujours comment procéder. J'aimerais que les personnes qui me suivent sachent à quel point j'ai de l'affection pour elles, à quel point elles font partie de moi. Les messages que je reçois pour m'encourager sont les meilleurs remèdes au monde. D'où l'importance d'être toujours bienveillant avec les autres ! Propageons les bonnes ondes, l'affection. Ne soyons pas avares d'amour, il n'y a que ça de vrai dans ce monde !

J'aimerais sincèrement donner plus, mais je dois aussi me protéger. Il m'est arrivé de nombreux problèmes. J'ai vécu du harcèlement par des « fans » devenues trop envahissantes, qui pensaient savoir ce qui était le mieux pour moi, avec qui je devais ou non passer ma vie. C'est allé très loin, avec des menaces de mort, de l'intimidation sur mon lieu de vie, lors de concerts… J'ai plusieurs fois porté plainte. J'y reviendrai plus en détail, mais j'avoue avoir eu peur pour ma santé mentale et pour ma vie. Je recevais sans cesse des menaces de mort, des centaines de faux comptes étaient créées sur les réseaux sociaux pour m'insulter, j'étais assailli de messages de haine. J'en reprends un, posté sur Instagram : « Si je vous avais devant moi, je vous cracherais à la gueule, Olympe, je vous tabasserais, puis je vous donnerais plusieurs coups de pied dans le ventre pour ensuite vous tuer de trente coups de couteau !!! »

Cette période a vraiment été horrible. Tout cela a changé ma façon de me donner au public. J'ai pendant un moment voulu me protéger, comme un instinct de survie qui m'éloignait peu à peu de cette relation particulière que j'entretiens avec la « Team Olympe » (j'appelle ainsi toutes les personnes qui m'ont soutenu depuis *The Voice* saison 2). Aujourd'hui, je suis libéré. Je prends vraiment beaucoup de plaisir à revoir les personnes qui me suivent depuis le début et également à en rencontrer de nouvelles !

Ce jour où j'ai compris que je ne souhaitais pas être comme les autres

Happier than ever – Billie Eilish

J'ai compris très tôt que je n'étais pas comme les autres. Comme je l'ai écrit précédemment, mon physique, mais aussi ma voix aiguë m'ont vite fait comprendre que j'étais différent. Mon parcours de vie, la séparation de mes parents, mes émotions décuplées sont autant de choses qui ont alimenté cette différence. J'étais différent et j'en souffrais. Puis est venu le jour où j'ai compris que je ne souhaitais pas être comme les autres. C'est à ce moment-là que j'ai réalisé que tout ce que je croyais être des failles était en réalité ma plus grande force, et ma manière de me démarquer des autres. Ma sexualité n'a jamais vraiment été un tabou pour moi. J'ai toujours été discret sur le sujet, mais je ne me cachais pas pour autant. Au début de ma vie, j'étais très réservé, sur tous les sujets d'ailleurs. Avec toujours cette envie de ne pas faire de vagues, de ne pas attirer l'attention.

Aujourd'hui, je ne souhaite toujours pas faire de vagues, pourtant, je suis plus à l'aise lorsqu'il s'agit de confier mes émotions, mon parcours et qui je suis vraiment. C'est une liberté de ne pas avoir peur de parler et d'exprimer qui nous sommes ! J'aime ne pas être comme les autres, c'est ma particularité. Je n'ai aucun souci avec ma sexualité, et c'est tout naturellement que je parle de mon mariage avec Julien, de notre vie à deux, sans donner tous les détails cependant car cela relève de la sphère privée. Mais si vous vous promenez sur mon Instagram, vous saurez tout de suite que je ne me cache pas sur le sujet.

Il est important de se montrer tel que l'on est. Pourquoi devrions-nous avoir honte de qui nous sommes ? Pourquoi devrions-nous avoir honte d'aimer quelqu'un parce qu'il est du même sexe que nous ? Je ne vois aucune raison, et ne me parlez pas de « contre nature ». Si vous êtes un homme et que vous n'êtes pas attiré par un autre homme, pourquoi allez-vous insulter, manifester contre les droits des hommes qui aiment les hommes, ou des femmes qui aiment les femmes ou des personnes trans ? Je ne comprends pas en quoi cela affecte votre personne ou votre vie privée... Des hommes homosexuels, des femmes lesbiennes, des femmes trans, des hommes trans ne viennent pas dans votre salon pour vous imposer quoi que ce soit. Il s'agit de l'intimité de chacun. En quoi deux hommes, deux femmes qui se tiennent la main est quelque chose de choquant ? Je crois qu'il est nécessaire que chacun vive sa vie intime sans s'immiscer dans celle de son voisin. Le mariage pour tous n'était en aucun cas une provocation, juste un besoin pour les personnes de même sexe de s'unir et d'avoir les mêmes droits que les couples hétérosexuels.

Je suis marié avec Julien, et je ne vois pas ce qui est problématique aux yeux des autres. Nous ne nous exhibons pas, nous nous aimons, nous vivons notre vie et c'est bien là l'essentiel. Je pense qu'une bonne partie des homophobes et transphobes sont tout simplement frustrés et, quelque part, refoulés. Peut-être qu'eux aussi aimeraient vivre au grand jour leur amour pour une personne de même sexe mais n'ont pas le courage de l'assumer…

Laissons les gens s'aimer ! Arrêtons de se faire la guerre pour des conneries. Notre temps sur terre est compté, pourquoi passer des années à emmerder les autres ? Sincèrement, je ne comprends pas !

Lettre au petit garçon que j'étais

All I Want – Kodaline

Bonjour toi,

J'aimerais tout d'abord te dire que tu es superbe.

Tu souffres, je le sais. Malheureusement, cela va durer un long moment. Tu as une force incroyable qui te permettra d'aller plus loin, encore plus loin que ce que tu imaginais. Tu auras droit au bonheur, ne t'inquiète pas, il viendra t'embrasser de toutes ses forces dans les plus dures épreuves.

Le seul conseil que j'aimerais te donner, c'est de t'accepter, de t'aimer, de t'écouter. Tu es un être merveilleux et ça ne va pas plaire aux autres enfants de ton âge. Tu es humilié, rabaissé et tu en souffres. Tu aimerais pleurer, mais tu n'y arrives pas. Les larmes ne coulent pas, sûrement par pudeur. Tu ne veux pas montrer tes faiblesses. Au lieu de cela, tu chantes de toutes tes forces, de tout ton cœur. La musique, c'est ta liberté, c'est le sang qui coule dans tes veines. Ce sera également ton métier. Ce ne sera pas simple, mais encore une fois, tu te battras pour faire vivre ta musique et pour qu'elle arrive dans les oreilles et le cœur des gens. Profite de chaque instant avec ta famille, ces moments sont si précieux. Tu vas traverser des épreuves encore plus dures que celles que tu as déjà vécues, tu vas perdre des êtres chers, tu vas perdre tous tes repères mais tu t'en sortiras. Tu deviendras un homme qui ne souhaite que le bonheur des autres et le sien, tu deviendras quelqu'un de bien une fois que tu auras fait le point sur toi-même et que tu te seras éloigné des mauvaises ondes.

J'aimerais te serrer si fort dans mes bras car personne ne le fait et je sais à quel point tu en as besoin. J'aimerais te dire droit dans les yeux à quel point tu as de l'or en toi, à quel point tu es beau aussi bien intérieurement que physiquement. Je t'aime si fort, et je suis si triste que la vie s'acharne sur toi. Je suis si fier de toi et de cette empreinte que tu laisseras sur cette terre et dans des milliers de cœurs. J'aimerais continuer en te disant que je ne t'oublierai jamais, il y aura toujours un petit bout de toi en moi, et ce sourire que j'arbore aujourd'hui est le tien. Ce sourire qui faisait oublier tout le reste, qui illuminait la journée de tous ceux qui croisaient ton chemin.

Beaucoup te remercieront d'être toi-même, d'être attentionné, de vouloir partager. Garde ces valeurs.

Je t'aime.

New York

Empire State of Mind – Alicia Keys

J'ai pris conscience du bien que peut faire un simple compliment quand il est dit avec sincérité. En février 2022, je suis parti à New York, ma ville de cœur. Je n'y étais pas retourné depuis plus de deux ans. J'avais presque oublié à quel point cette ville me fait du bien. Je me sens vivant là-bas.

Pour beaucoup, les États-Unis sont le symbole du « tout et n'importe quoi ». Pour moi, c'est un pays si grand que les disparités sont encore plus flagrantes. Je trouve que la côte Ouest et la côte Est sont des exceptions. Par exemple, Los Angeles et New York sont vraiment des villes à part. Il règne dans ces villes moins conservatrices une plus grande ouverture d'esprit.

Je n'ai jamais vraiment eu d'atomes crochus avec Los Angeles, c'est une affaire de goût. C'est une ville trop étalée, trop grande. J'aime les grandes villes, mais je les aime quand elles gardent une échelle humaine, quand ce n'est pas compliqué niveau orientation. J'apprécie les villes dans lesquelles il est possible de tout faire à pied. Et même si pour traverser Manhattan à pied, il faut aimer la marche, je trouve que c'est réalisable, il y a tellement de choses à voir : on lève les yeux tous les deux mètres ! À Los Angeles, il faut obligatoirement avoir une voiture pour s'en sortir et découvrir un maximum de choses. Tout est éloigné, et les embouteillages y sont un enfer. Même la nuit, il y a des bouchons !

Au contraire de L.A., New York fait battre mon cœur comme jamais ! Ce n'est pas une ville étouffante malgré ses nombreux gratte-ciel. Elle donne un peu le tournis parfois, c'est vrai, mais on aime parcourir ses avenues, ses rues, ses parcs, ou encore la découvrir depuis l'Hudson River ou Brooklyn. Je n'ai jamais eu autant de compliments spontanés qu'à New York. Un matin, nous étions en train de nous balader dans Manhattan quand une jeune femme s'est approchée de moi et m'a glissé à l'oreille : « J'adore votre manteau, il est sublime. » J'avoue que ça m'a donné le sourire pour une bonne partie de la journée. Ça fait un bien fou de recevoir des compliments sincères de la part d'inconnus. Quelques centaines de mètres plus loin, une dame est venue vers notre groupe d'amis pour nous dire : « Ça fait un bien fou de vous voir ensemble, vous êtes tous très beaux, vous rayonnez ! »

Et si c'était ça, la base du bonheur : diffuser les bonnes ondes ? Après tout, pourquoi se retenir de dire aux gens qu'ils sont beaux, que leur manteau vous plaît, qu'ils ont une mine rayonnante, que vous aimez leur sourire… ?

Plus tard, je suis tombé sur le compte TikTok @lalalandkindcafe. Sur ce compte, deux personnes en voiture filment des passants alors qu'ils les complimentent. On peut découvrir la réaction des gens : ils ont le sourire, beaucoup répondent qu'ils avaient besoin d'entendre ça. Ce sont des petits mots sympathiques qui peuvent avoir un réel impact sur l'humeur des gens, sur leur vie. Combien de fois me suis-je senti mal dans ma peau, et aurais-je aimé, à ce moment-là, recevoir un mot gentil ? Cela m'aurait sans aucun doute redonné le sourire. Depuis, j'essaie d'appliquer cette méthode quand je le peux. Quand j'étais lycéen, j'ai croisé tant de fois des gens mal dans leur peau, dans le bus ou dans la rue. Leur façon de se comporter transpirait le mal-être. À l'époque, je n'avais qu'une envie : les prendre dans mes bras pour les réconforter. J'ai vu à plusieurs reprises sur les réseaux sociaux des vidéos de distribution de câlins. On peut voir à quel point les gens ont besoin de tendresse, de se sentir soutenus. Ils sont demandeurs de bonnes ondes afin de rendre leur quotidien plus agréable, dans une société où le « chacun pour soi » est devenu une religion.

Soyons plus ouverts aux autres, diffusons ces bonnes ondes ! Sincèrement, cela ne fera de mal à personne, et pourra sans aucun doute faire du bien à beaucoup de monde. D'ailleurs, j'aimerais que vous notiez juste ici :

Ce que vous aimeriez que l'on vous dise pour vous emplir de *good vibes* :

....

....

Ce que vous vous dites chaque matin en vous regardant dans le miroir, pour vous donner des *good vibes* :

....

....

New York est l'une des villes où j'aimerais vivre. J'adore sa grandeur et le fait qu'elle reste pourtant une ville à taille humaine. J'aimerais beaucoup habiter dans le quartier de Chelsea, ou encore à Williamsburg. Ce sont des endroits qui me font vibrer. C'est un rêve que j'espère avoir l'occasion de réaliser un jour. Le prix de l'immobilier à New York est si indécent ! Dans l'idéal, je rêve d'avoir un appartement avec vue sur la *skyline*. J'aimerais aussi une maison à la campagne assez grande pour mes chiens, pas trop loin à pied de la plage et de la forêt pour de longues balades. Pourquoi pas en Irlande ? Je n'y suis jamais allé mais c'est un pays qui me fait rêver. J'aime les endroits dans lesquels il ne fait pas chaud, avec de beaux paysages et des ciels torturés. Je préfère un grand ciel nuageux aux mille nuances de gris plutôt qu'un grand ciel bleu. Encore ce rapport à la mélancolie.

J'ai beaucoup de rêves, mais j'avoue être très heureux dans ma maison actuelle. Je pense que j'aurais du mal à la quitter si je devais partir un jour, sans retour. (« Effacer notre amour… ») Vous avez la référence ?

J'aimerais beaucoup que vous me parliez de la ville de vos rêves. Celles où vous aimeriez habiter, ou vous habitez peut-être déjà. Ce qu'elle vous procure comme sensations. C'est à vous !

....

....

....

....

....

....

....

....

....

....

....

....

....

....

Je m'aime, je t'aime

J'ai eu du mal à comprendre cette phrase. D'ailleurs « Je m'aime » n'était pas du tout compatible avec celui que j'étais avant. J'aimais les autres, mais je ne m'aimais pas, moi. Comme je l'ai écrit précédemment, il m'a fallu du temps pour m'accepter, alors m'aimer n'était clairement pas une évidence et quelque chose d'envisageable.

Pour certains, s'aimer c'est être égocentrique. C'est encore une idée reçue qui finit par nous conditionner. On pense que si on s'aime, on sera perçu comme égocentrique. Le regard des autres entre de nouveau en jeu. C'est un peu comme si on te disait : « Si tu t'aimes, tu ne seras pas quelqu'un de bien. » C'est horrible de dire ça, ça ne nous aide pas à nous construire cela va même nous empêcher de nous trouver bien, assez bien ! C'est au cours de ces dernières années que j'ai levé le voile sur tous ces préjugés qu'on nous martèle et qui restent dans nos têtes comme des vérités.

Je trouve d'ailleurs que l'enfance est une période assez sombre. Sombre à cause de ces fameux préjugés qu'on nous enseigne, de ces moules dans lesquels tout le monde essaie de nous faire entrer. L'enfance devrait être une période au cours de laquelle l'ouverture d'esprit est mise en avant, ainsi que l'acceptation de soi. S'aimer est primordial, être aimé l'est aussi, aimer les autres en est la suite logique.

J'ai envie de dire : aimez-vous, aimons-nous ! Le regard des autres, encore une fois, n'a pas à influencer nos vies. Vivez sans regrets !

Parler de son expérience

Avec la promotion de mon album *Press Play*, j'ai eu l'occasion de décortiquer les paroles de mes propres chansons. La majeure partie des journalistes s'intéresse aux textes. Beaucoup m'ont dit : « Quand on écoute vos chansons, on est d'abord frappé par leur fraîcheur, leur côté *feel good*. Mais quand on ouvre le livret de l'album et qu'on lit les paroles, c'est autre chose. Il y a un vrai sens, des sujets profonds et importants qui sont abordés. » J'avoue que cela m'a fait plaisir d'entendre ça, dans le sens où ce que j'ai voulu retranscrire a été perçu comme tel.

Je ne souhaitais pas un album triste. Je voulais composer et écrire un album plein d'espoir. L'idée était de raconter mes années passées, le harcèlement, la grossophobie, mes expériences dans la musique, le tout sur des airs pop. C'est vraiment un album qui me ressemble : c'est une partie de moi, de mon histoire. J'avais besoin d'aborder certains thèmes car je sais que de nombreuses personnes souffrent de harcèlement ou de grossophobie, encore plus avec le développement des réseaux sociaux. Il faut en parler, il faut libérer la parole ! Beaucoup de gens viennent me parler en message privé sur les réseaux sociaux, ou à la fin des concerts. C'est touchant de partager nos expériences, d'essayer d'aider à traverser les épreuves. L'entraide, c'est essentiel. Je vois bien que de nombreuses victimes de harcèlement, de grossophobie, d'homophobie, de racisme… se sentent seules. Souvent elles ne savent pas vers qui se tourner, car elles ont l'impression qu'elles seront incomprises. Ce n'est pas évident de se déclarer victime. Pourtant, il n'y a pas de honte à en être une. Ce sont les harceleurs, homophobes, grossophobes, racistes qui devraient avoir honte d'exercer une quelconque pression sur les autres. Arrêtons de stigmatiser les victimes, aidons-les ! Faisons en sorte qu'elles ne craignent plus de parler, faisons en sorte qu'elles osent se confier afin d'aller mieux, et de vivre une vie normale après ces blessures. Je le répète et je continuerai à le répéter : diffusons des bonnes ondes, aidons les personnes qui en ont besoin. Un simple geste peut tout changer !

J'aime parler de mon expérience, car je sens que cela peut aider les autres, que je peux éveiller des consciences. Lors de ces rencontres avec les gens qui me suivent, certains peuvent même se rendre compte qu'un de leur proche est dans une situation difficile. Il faut parfois raconter notre passé pour ouvrir les yeux des autres.

Couper les ponts avec les personnes toxiques

L'entourage est essentiel pour s'épanouir, de même que se défaire des relations toxiques. Je m'en suis rendu compte il y a quelques années en coupant les ponts avec une personne que je pensais être mon amie. Tout se passait bien (enfin, c'est ce que je pensais), mais le temps passant, toutes mes relations amicales se transformaient en cauchemar. Je ne comprenais pas et je n'arrêtais pas de me poser des questions. Est-ce que les gens changeaient ? Comment était-il possible que tous les gens auxquels je tenais se transforment en personnes exécrables ? J'ai eu la réponse quand j'ai appris qu'une seule mauvaise personne détruisait tous mes liens d'amitié sur son passage.

Il suffit de pas grand-chose pour que votre vie devienne un enfer. Pour que tous les liens que vous avez construits pendant des années finissent par se briser. Il suffit d'une seule personne. À partir du moment où j'ai coupé les ponts, j'ai pu m'expliquer avec tous mes autres amis et j'ai compris comment nous en étions arrivés là. Cette personne prenait un malin plaisir à modifier les discours et à diffuser de fausses informations qui finissaient par semer le doute et troubler la réalité. Des tensions se créaient alors entre mes amis et moi sans que je comprenne pourquoi. Une fois les langues déliées, j'ai pu comprendre, avancer, et ma vie a vraiment changé. Je n'avais plus besoin de justifier chaque choix, chaque invitation, chaque décision. La vie est redevenue simple.

Aujourd'hui, j'ai un cercle d'amis restreint. Je n'ai pas besoin de centaines de relations pour m'épanouir, j'ai juste besoin des bonnes personnes. Pour moi, un ami est quelqu'un de bienveillant qui te dira toujours la vérité sans être méchant, qui t'accompagnera dans tes choix, qui ne voudra que ton bonheur et qui t'aidera autant que possible à l'atteindre. Que mes amis soient de longue date ou plus récents, je sais qu'ils ne me veulent pas de mal, qu'ils seront là en cas de galère mais aussi dans les bons moments. Ces amis savent également que je serai là pour eux, pour les épauler, les aider si je le peux, avec toujours beaucoup de bienveillance. C'est dans cet esprit de sérénité que je construis ma vie désormais. L'entourage peut être un enfer, mais c'est aussi le paradis que vous devez trouver pour avancer.

Vous allez peut-être considérer que je suis dur dans ce que je vais vous dire : pour moi, il n'y a pas de distinction entre ami et famille. Si une personne toxique fait partie de ma famille, je l'éloignerai de mon cercle. J'ai souvent entendu : « Fais un effort, cette personne c'est la famille ! » Je ne ferai clairement plus aucun effort. L'important est d'évoluer dans un cercle sain. La vie est bien trop courte pour gâcher son temps à côtoyer des personnes jalouses, qui ne veulent pas votre bien-être. On dit souvent : « Les amis sont la famille que l'on choisit. » C'est une réalité, et j'irai même plus loin : la famille ce sont les personnes du même sang ou non qui évoluent dans un climat de bienveillance. Arrêtons de faire des efforts et de gâcher notre énergie pour des gens qui n'en valent pas la peine. Après tout, pourquoi devoir faire un effort pour quelqu'un qui n'a aucune once de sympathie pour nous ? Autant ne plus côtoyer cette personne et la laisser avec le cercle d'amis et la famille qu'elle aura choisie. Je ne comprends pas que l'on force des gens à se fréquenter alors qu'ils n'ont aucun atome crochu, sous prétexte qu'ils partagent le « même sang ».

La cour de récré

Crucify – Tori Amos

« J'ai l'impression d'être dans une cour de récréation ! » Vous êtes-vous déjà fait cette réflexion ? Pour ma part, oui ! À plusieurs reprises. Encore une fois, je persiste, mais il est vital de faire le tri, que ce soit dans sa vie personnelle ou sa vie professionnelle. Je ne travaille qu'avec des gens qui dégagent des ondes positives. La jalousie, les langues de vipère n'ont aucune place dans mon cercle professionnel. Nous avons beaucoup trop de travail pour perdre du temps à régler des histoires de cour de récréation. Il faut travailler en bonne intelligence et en aucun cas entouré de mauvaises ondes. On peut ne pas être d'accord sur certaines choses, c'est tout à fait normal. Il faut alors en parler et exposer nos points de vue pour trouver une solution.

J'ai envie de dire aux personnes jalouses qu'elles ne font rien d'autre que ralentir leur propre projet. Au lieu de dépenser leur énergie à critiquer les autres, elles devraient la dépenser à travailler sur leurs objectifs et à se poser les bonnes questions ! C'est bien beau de dire : « Untel a fait ça, pas moi ! » Oui ! Mais Untel a essayé, Untel s'est concentré sur son projet sans perdre de temps en discours inutiles qui ralentissent et ne font pas évoluer. Prendre conscience que chaque personne a son histoire et son chemin est primordial. Il est urgent d'arrêter de fouiller dans les affaires des autres, mettez-vous un coup de pied au derrière et allez décrocher vos rêves au lieu de perdre votre temps à répandre vos ondes négatives et votre amertume !

Voilà, petit aparté terminé ! Sérieusement, vous n'êtes pas d'accord avec moi ? Les gens jaloux sont de la pire espèce car ils pompent l'énergie de tout le monde et gâchent une partie du peu de temps que nous avons à passer sur cette terre. N'est-il pas plus judicieux de se concentrer sur les choses essentielles ? Arrêtez de perdre du temps avec des personnes qui ne font rien d'autre que créer de « sales » histoires. Concentrez-vous sur votre famille, vos amis, vos projets de vie. C'est bien là le plus important. Profitez du peu de temps que vous avez pour faire de belles choses. Vivez la vie que vous méritez de vivre, entouré des personnes que vous aimez !

La solitude

Running up that hill – Kate Bush

J'ai récemment demandé à mes *followers* sur Instagram de me donner les thèmes qu'ils aimeraient que j'aborde dans ce livre. J'ai reçu beaucoup de réponses, certaines se recoupaient. Parmi elles, la solitude. J'ai demandé un peu de plus de détails car « la solitude » est un sujet assez vaste. En réalité, le thème était plutôt : « Se sentir seul, alors qu'on a des amis, qu'on est entouré. » Je vais regrouper ce thème avec « l'amitié » qui a également été abordée par mes *followers*.

Pour vous parler de ma propre expérience, je dirais qu'il m'est arrivé de me sentir seul alors que j'étais entouré. C'est arrivé pendant l'adolescence. Je pense que c'est une période pendant laquelle on se cherche, on ne sait pas vraiment où l'on va, ce qu'on a envie de faire. C'est aussi une période au cours de laquelle nous créons des amitiés, des relations, et où nous expérimentons la déception, qu'elle soit amoureuse, amicale ou familiale. Nous nous sentons perdus, ce qui peut renforcer cette impression de solitude.

Pour moi, c'est une période qui a bien duré quatre ans et j'avais le sentiment que ça allait durer toute ma vie !

Il ne faut pas se mettre la pression, tout va rentrer dans l'ordre. Ce sentiment de solitude s'est apaisé lorsque j'ai commencé à avoir des projets concrets : on passe moins de temps à ruminer, on se focalise sur l'accomplissement de ces objectifs. Nos relations humaines évoluent également, l'amitié prend tout son sens. Les amitiés sincères se renforcent ou se créent. Je ne dis pas qu'elles ne l'étaient pas avant, mais un tri naturel s'opère. On commence à prendre conscience de la réalité des choses et de ce qui, parfois, nous fait souffrir. Pour moi, un ami est quelqu'un qui sera là pour toi dans les bons comme dans les mauvais moments, qui sera heureux de ta réussite, qui va te booster lorsque tu traverseras une période plus sombre. C'est une personne que tu retrouveras après plusieurs semaines comme si tu l'avais quittée la veille. Bien entendu, tout ce que je viens d'énoncer doit être réciproque, sinon ça ne fonctionne pas ! Ou alors ça ne fonctionnera pas longtemps.

Je l'ai écrit précédemment : j'ai un cercle d'amis assez restreint, mais ce sont des amis sincères, qui ne me veulent que du bien. Ces personnes sont la prunelle de mes yeux, et je donnerais tout ce que j'ai pour elles. Je ne me suis jamais disputé avec mes amis. Nous avons toujours échangé nos points de vue, la communication est naturelle. On ne se forge jamais notre opinion sur une situation sans en avoir d'abord parlé avec l'autre. Aucune triche, juste de l'amour, de la bienveillance, des bonnes ondes. On sait qu'on peut compter les uns sur les autres. On se comprend sans avoir besoin de parler, on sait quand les autres ne vont pas bien. Tout est sain. Certains disent : « Je n'ai pas de nouvelles de toi depuis une semaine, tu n'es pas un vrai ami ! » L'amitié va au-delà de ça. Il arrive des moments dans la vie pendant lesquels nous avons des emplois du temps chargés, et ce n'est pas l'envie qui manque de se voir ou de s'appeler, c'est juste le temps. L'amitié, c'est comprendre cela et trouver des solutions pour se voir au lieu de se faire des reproches. La vie est tellement compliquée, évitons les situations de crise.

Dans mes amis proches, il y a Karen, Camille et Nina. Ce sont mes amitiés préhistoriques (comme j'aime les appeler). Elles sont là depuis le « début ». Entre dix et quinze ans d'amitié. Ça a toujours été facile entre nous. Les seuls obstacles que nous avons rencontrés, ce sont les autres. Ces « amis » parasites et jaloux que nous avons vite éloignés.

J'ai eu mes plus beaux fous rires avec ces trois-là. Les plus belles soirées, improvisées, à se retrouver dans des hôtels, à partager un bon dîner, à se raconter nos vies en toute simplicité. À chanter dans la voiture pendant de longs trajets, avec Karen, tout en changeant les paroles des chansons pour en faire des parodies. Visionner des films au cinéma après avoir mangé dans notre restau préféré à Paris. Des choses simples, mais des moments tellement intenses en bonnes ondes quand nous sommes ensemble ! Des moments inoubliables ! Je pense à une soirée avec Camille, dans un hôtel parisien. Camille adore prendre des bains, elle peut y passer des journées entières (je ne sais pas comment elle fait !). Cette fois-là, elle avait décidé de prendre un bain à 3 heures du matin, avec une tonne de mousse, ça débordait de partout. Nous n'avions qu'une seule envie, que cette nuit ne s'arrête jamais tant nous riions ! Les soirées à Bastille avec nos cocktails dans des vases. Les trajets en métro en rentrant de soirée, Javel… Et j'en passe.

L'amitié, pour moi, c'est ça. Nous avons tous une conception différente de ce qu'elle est. Mais sincèrement, si ce n'est pas une évidence, ce n'est pas de l'amitié. Si on commence à se forcer, à devoir cacher des choses ou ne pas être soi-même, c'est que quelque chose cloche. Se forcer est pour moi contraire à tout ce que devrait être l'amitié. J'aime cette sensation de facilité, d'évidence. Avec le temps, nous avons créé de nouvelles amitiés, et elles sont également des évidences. Je pense notamment à Camille, Joséphine, Thibault, Sophie, Pierre, Théo, Joséphine (oui encore une fois), Véro, Paulo, Seb, Rachel, Maxime, David, Charlotte, Kelly… et tant d'autres avec qui la vie est un bonheur, et chaque moment partagé un délice !

Je ne sais pas si j'ai bien répondu aux thèmes proposés ! J'ai en tout cas répondu avec beaucoup de sincérité et de transparence.

La réussite, l'échec, les leçons

Wings – Birdy
Find me – Sigma + Birdy

J'aimerais aborder un autre thème sur lequel j'ai été interrogé sur Instagram, et que je voulais évoquer de toute façon : la réussite, l'échec, les leçons. Bien sûr, out ça est très subjectif, cela dépend du point de vue de chacun. Mais pour être concret, je vais parler de mon cas.

Après avoir été finaliste de l'émission *The Voice* saison 2, j'ai sorti plusieurs albums, des EPs, je suis parti en tournée plusieurs fois, j'ai été certifié d'un disque d'or, j'ai également reçu un triple disque de platine pour l'album *We love Disney*, mes chansons sont diffusées en radio… Je n'ai pas honte de le dire : je gagne ma vie grâce à la musique. Je fais le métier que je rêve de faire depuis tout petit. Pour moi, j'ai réussi car mon métier est un métier passion. Attention, je ne dis pas que c'est facile tous les jours ! La musique est un milieu très aléatoire dans lequel on peut très vite être au top comme passer aux oubliettes. Exercer un métier passion c'est souffrir, assez souvent. C'est avoir peur de ne pas être à la hauteur, mais avoir quand même cette sensation indescriptible qui parcourt notre corps. Être auteur-compositeur-interprète ressemble àmonter dans des montagnes russes.

Des hauts, des bas, je dirais même beaucoup de bas, car nous sommes sans cesse en train d'essayer de convaincre les radios et autres médias que notre musique mérite d'être écoutée et diffusée. Mais j'aime mon métier !

Pour certains, je n'ai pas réussi. Si j'essaie d'analyser leurs propos, je n'ai pas réussi car je ne suis pas aussi connu que Beyoncé, je ne vends pas autant d'albums qu'Adèle, je ne passe pas sur toutes les radios nationales, je ne fais pas la tournée des stades… Pour pousser plus loin l'analyse, je dirais que ces critères sont superficiels. Prenons l'exemple d'un avocat. À mon sens, un avocat a réussi quand il a décroché son diplôme et qu'il exerce le métier dont il a rêvé. Un avocat qui a son propre cabinet, ou qui est associé dans un grand cabinet a accédé à une autre forme de réussite. Mais il n'y a aucune justification au fait de dénigrer celui qui est « juste » avocat. Combien de personnes seront de très bons professionnels mais jamais chef d'entreprise ? Pour moi, réussir professionnellement, c'est exercer le métier que l'on souhaite exercer. Il est certain que lorsqu'on est dans la musique, on souhaite faire de grandes tournées, on aimerait recevoir des récompenses pour ce que l'on fait. Mais il faut être réaliste : tout le monde n'en aura pas. Car un critère important entre en jeu : la chance. Il suffit de la bonne rencontre, au bon moment, qui permettra d'avoir une bonne exposition… et tout en découlera. On ne peut pas reprocher à quelqu'un de ne pas avoir eu une Victoire de la musique, car c'est une chose que l'on ne peut pas maîtriser. Comme on ne peut pas reprocher à un boulanger de ne pas avoir sa propre boulangerie. C'est parfois une question d'opportunité, d'argent. C'est peut-être aussi tout simplement parce que ça ne fait pas partie de ses objectifs. En effet, tout le monde ne se rêve pas chef d'entreprise ! Ce sont des projets différents, un stress différent, et tout le monde n'est pas apte à gérer tout cela. Il faut arrêter de dénigrer les autres car ils ont des projets de vie différents, ou parce qu'ils n'ont pas « réussi » à accéder à un niveau que nous considérons être le vrai succès.

L'échec, c'est lorsque l'on n'a pas essayé. Quand on a un objectif et qu'on ne fait pas tout pour essayer de l'atteindre, pour moi c'est un échec. Ce n'est pas le résultat qui est un échec, c'est le parcours. Si on a essayé, qu'on ne peut pas faire plus, et que finalement l'objectif n'est pas atteint, ce n'est pas un échec. C'est simplement que ce n'était pas le bon moment, que tout n'était pas propice à ce projet. Si on a un objectif, qu'on ne fait rien pour l'atteindre, là c'est clairement un échec. La démarche est un échec. Certains essaieront toute leur vie d'atteindre un objectif sans y parvenir. Ils auront en tout cas essayé, et c'est le plus important.

La vie est une leçon. Chaque jour, nous apprenons de nos erreurs, de nos chutes. Même lorsque l'on gagne, que l'on atteint un objectif, on apprend quelque chose.

Il y a des leçons à chaque moment de notre vie. Faire le point régulièrement est une partie intéressante et essentielle lorsque l'on a des objectifs. En effet, si l'un d'entre eux n'est pas atteint, il est important de comprendre ce qui est entré en jeu et n'a pas permis sa réalisation. Si je devais prendre un exemple dans ma carrière, je parlerais de mon deuxième album *Une vie par jour*. C'est un album qui aurait pu avoir du potentiel si nous avions fait les choses différemment, si on m'avait laissé un peu de liberté et surtout la possibilité de m'exprimer. Je crois que nous sommes partis dans la mauvaise direction.

On se pose tout un tas de questions lorsqu'un objectif n'est pas atteint : est-ce que ça vient de moi ou est-ce un facteur extérieur sur lequel je n'ai pas pu agir ? Il arrive parfois que l'on s'embarque dans un projet trop important pour soi, il faut alors redéfinir ses objectifs. Il ne faut pas avoir peur de se dire : « J'ai essayé, ça n'a pas fonctionné, je n'étais peut-être pas en phase avec la réalité, comment faire pour que j'y arrive la prochaine fois ? » Il faut alors redéfinir ses buts, ou sa façon de faire, se renseigner, rencontrer des personnes qui ont un parcours similaire, échanger. L'ambition c'est génial, mais il ne faut pas dénigrer ceux qui en manquent. Nous n'avons pas tous le même projet de vie, il faut le comprendre et l'accepter.

Les *haters*

About Damn Time – Lizzo

Ne laissez jamais quelqu'un assis toute la journée derrière son écran détruire votre vie !

Est-ce que je dois développer ? Bon allez… C'est parti !

Pourquoi laisser un inconnu vous dicter ce que vous devriez faire, comment vous devriez vous habiller, vous maquiller, vous comporter ? Personne ne devrait choisir pour vous ce que vous devez aimer, qui vous pouvez aimer, avec qui vous pouvez créer des amitiés. Je le répète : la vie est courte et imprévisible. Le harcèlement, le cyberharcèlement n'ont pas leur place dans notre société. STOP ! Vivez comme bon vous semble !

J'ai été victime de cyberharcèlement et de harcèlement. Il ne faut pas laisser ces individus avoir la moindre influence sur vous. Faites des captures d'écran, portez plainte, bloquez, signalez, ne rentrez pas dans leur jeu. Plus vous leur donnerez d'importance, plus vous répondrez, plus ils s'acharneront sur vous. La meilleure méthode est d'ignorer, de signaler, de porter plainte, de bloquer. Oui, on dirait que c'est une routine, mais c'est la démarche à suivre.

Les *haters* sont des moins que rien, des gens jaloux, mal dans leur peau qui pensent qu'ils vont aller mieux en détruisant la vie de quelqu'un d'autre, en essayant d'avoir une emprise sur sa vie. Tout ce qu'ils vont gagner c'est d'être retrouvés par la police, d'être convoqués, jugés et condamnés. Je préviens tout de suite : arrêtez votre jeu, nous ne nous laisserons plus faire !

Vous lisez peut-être, souvent même, des commentaires du type « T'es moche », « T'as pas honte de t'habiller comme ça », « Tu es gros ». Vous êtes PARFAIT ! Ne doutez pas de vous, mettez votre plus belle tenue, sortez dans la rue, prenez-vous en photo, postez-la ! Vivez comme vous le souhaitez. Il faut ARRÊTER de donner de l'importance à ces personnes. Elles sont simplement jalouses que vous vous assumiez ! Montrez qui vous êtes réellement, portez les vêtements qui vous font plaisir, qui vous donnent l'impression d'être plus fort ! Le monde a besoin de vos couleurs, de vos *good vibes*, de diversité. Rendons ce monde riche en diversité. Chacun et chacune d'entre nous a sa place.

Je VOUS aime ! VOUS êtes la beauté de ce monde !

J'ai demandé à Morgane Colas, avec qui je travaille mes compositions en anglais, d'écrire un texte sur les *haters*. J'aime cette chanson de tout mon cœur, elle est tellement vraie ! Nous n'avons jamais vu autant de *haters* dans une société qui est cruellement en manque d'amour. Cette chanson parle également des personnes cachées derrière leur ordinateur qui diffusent leur haine. Oseraient-elles quitter leur chaise pour dévoiler leur vrai visage ? Je suis certain que non ! Bien trop lâches pour ça !

Haters

(Morgane Colas/Olympe)

Lies,

Why would you play this game

Following just to blame

Behind a frame

Time,

How can it feel so short

Scrolling our lives in vain

Through the pain

VIVRE SANS REGRETS

Cause I never felt so lost

And I never felt so low

Every time you spread the rage

I see haters everywhere

When we only need some love

And we never felt so lost

How could you even play

Your nasty game anyway

By yourself

It's time for you to leave your chair

And to reveal your face

If you dare

Cause we never felt so lost

And we never felt this low

Every time you spread the rage

I see haters everywhere
When we only need some love
And we never felt this lost

L'amour

À la recherche du soleil – ECCO

Vous êtes nombreux sur les réseaux sociaux à me demander de parler d'amour. Beaucoup me disent : « Tu sembles si bien avec Julien, votre couple est solide. » Je dirais que nous avons appris à vivre ensemble. Nous avons des caractères différents, et la cohabitation n'a pas toujours été évidente.

Une vie de couple n'est jamais parfaite. Il faut avant tout accepter que tout ne sera pas rose, qu'il y aura des hauts et des bas. C'est pour moi le secret de la longévité. Il y a parfois des petits désaccords ou des manières de faire différentes qui amènent à des disputes. Je crois que ces disputes sont normales, elles font partie de la vie ! Ces moments finissent toujours par une réconciliation car nous avons beaucoup d'amour l'un pour l'autre. Être en désaccord amène à avoir des discussions, à échanger, à communiquer et ainsi à comprendre l'autre. Il est primordial de dialoguer, les non-dits sont un poison dans un couple. Avec Julien, nous communiquons le plus possible, cela nous aide au quotidien, et cela fera bientôt dix ans que nous sommes ensemble.

Vous êtes également nombreux à me demander : « Comment sait-on que c'est la bonne personne ? » C'est une très bonne question ! Quand j'étais ado et que je tombais amoureux, je pensais vraiment qu'il s'agissait de la bonne personne à chaque fois. Puis j'allais de désillusion en désillusion. Je me souviens d'une fois où j'étais vraiment tombé amoureux de quelqu'un qui jouait clairement avec mes sentiments. Me faisant croire monts et merveilles pour finalement m'annoncer qu'on ne se reverrait plus une fois que j'étais dans le train pour rentrer à Paris. Il habitait Lille, et pendant des années, je n'ai pas pu remettre les pieds dans cette ville car les rues me le rappelaient trop. J'avais 18 ans et je n'ai jamais ressenti un tel vide. Je m'étais attaché, beaucoup trop attaché.

On pense parfois qu'il s'agit de la bonne personne à cause des papillons que nous avons dans le ventre. Je crois qu'on arrive à savoir si c'est le cas au bout de plusieurs mois, voire plusieurs années de relation. Les papillons brouillent souvent notre vision des choses. On ne voit que les bons côtés, tout est embelli, tout semble parfait, c'est un peu l'image de conte de fées. C'est le quotidien qui va nous ramener à la réalité : on commence à y voir plus clair lorsqu'on vit des moments sombres, des moments du quotidien, des moments plus joyeux. C'est la vie, ses hauts et ses bas, qui permet, selon moi, de savoir si nous sommes avec la bonne personne.

Je me suis rendu compte que Julien était la bonne personne parce qu'il veut toujours me mettre en valeur. Il veut le meilleur pour moi. Et je souhaite le meilleur pour lui également. Un couple qui fonctionne est un couple qui se soutient dans les bons comme dans les mauvais moments, dans les projets, dans la réussite. Je sais que Julien est la bonne personne car j'ai un trou béant dans le cœur à chaque fois que je pense que je peux le perdre à tout moment. L'idée qu'il peut disparaître m'est insupportable. Moi aussi, je peux disparaître à tout moment ! Mais je crois que je donnerais ma vie pour épargner la sienne.

Tout le monde ne pense pas comme moi et c'est normal ! Je vous donne juste mon retour d'expérience, si cela peut éclairer quelques-uns d'entre vous... On ne peut pas passer à côté des chagrins d'amour. Ils font partie de notre vie d'adolescent et d'adulte.

D'ailleurs, vous ne le savez peut-être pas, mais Julien et moi, nous nous sommes rencontrés en octobre 2013. En 2016, nous nous sommes mariés aux États-Unis et avons fait valider notre mariage à l'ambassade de France. Nous n'étions qu'une petite dizaine lors de notre mariage, quelques amis français et quelques amis américains. Pour nos familles, nous ne sommes pas vraiment mariés car ils n'ont pas pu assister à la cérémonie. Je comprends très bien leur ressenti. Nous en parlons depuis un moment avec Julien. Nous nous sommes promis d'organiser un « vrai » mariage en France, une cérémonie laïque et un dîner avec nos familles et nos amis pour officialiser notre union à leurs yeux. Il est vraiment difficile de trouver une date car nous avons des emplois du temps très chargés. Mais nous nous sommes arrêtés sur un jour symbolique. En effet, en 2023, nous fêterons les dix ans de notre rencontre ! Ce qui est dingue, c'est que ce jour tombe un samedi ! C'est donc un signe pour nous, et nous avons bloqué cette date. J'ai si hâte d'y être, ce moment va être hors du temps.

L'adoption

The Age of Worry – Yebba

Vaste sujet ! L'adoption fait clairement partie de nos projets de vie. Je dirais même que c'est LE projet que nous aimerions le plus voir se réaliser. Pour être totalement transparent avec vous, nous avons un agrément pour adopter un enfant âgé de 3 mois à 4 ans. Nous souhaitons adopter une pupille de l'État. Un agrément est valable cinq ans… et nous arrivons déjà à la fin de cette période.

J'aimerais vous raconter comment cela se passe pour l'obtenir. Vous devez tout d'abord remplir un dossier de demande d'agrément. Vous êtes convié par la suite à une réunion d'information, pendant laquelle on vous explique tout le processus pour l'agrément, et où l'on vous précise que l'obtenir ne veut pas dire qu'un enfant vous sera confié. Il nous est d'ailleurs précisé que certains couples ont eu plusieurs agréments et n'ont jamais adopté. Le service adoption nous explique que le Conseil de famille cherche la famille qui pourra correspondre aux besoins de l'enfant, et non l'inverse, ce qui est en soi une bonne chose, puisque les besoins de l'enfant sont la priorité.

Vous devez ensuite consulter un médecin qui figure sur une liste de professionnels agréés. D'ailleurs, il y a des « profiteurs », comme partout. Nous avons appelé plusieurs médecins et la consultation, qui est censée être au tarif habituel de 23 euros, atteignait parfois les 60 euros par personne ! Faites attention, ça devient un vrai business. Ensuite, vous devez consulter un psychologue ou psychiatre agréé (aujourd'hui, cela a un peu changé : le psychologue à consulter est celui du service Adoption). Vous devez recevoir un avis favorable de la part de ces deux professionnels pour constituer votre dossier.

À la suite de ces rendez-vous, deux assistantes sociales viennent vous rendre visite plusieurs fois. La première, pour faire le tour du logement et commencer à aborder votre projet d'adoption. Au fur et à mesure des rendez-vous, environ trois ou quatre demi-journées, les questions deviennent de plus en plus intimes. On cherche à connaître vos revenus, vos crédits en cours, et on vous demande de raconter votre vie depuis votre naissance pour en savoir un peu plus sur vous et sur votre aptitude à adopter. Une fois ces visites terminées, les assistantes sociales remettent un rapport au Conseil de famille. C'est ce Conseil qui va vous attribuer ou non un agrément.

Nous avons eu un avis favorable de la part du médecin, un avis très favorable du psychiatre et un avis très favorable de la part des assistantes sociales. L'agrément nous a été donné. Une première étape. S'ensuit une longue attente.

Comme nous souhaitons adopter une pupille de l'État, il n'y a pas énormément de choses à faire à part se documenter, regarder des films sur l'adoption, écrire au service Adoption pour leur rappeler notre projet de vie et donc notre projet d'adoption. Nous avons fait part de nos inquiétudes à ce service. Il est vrai qu'il nous a été dit que les couples hétérosexuels étaient favorisés par rapport aux couples homosexuels. Nous avons donc voulu éclaircir ce point, car il est hypocrite de donner des agréments pour adopter à des couples homosexuels si on sait que cela n'aboutira pas. Le service Adoption nous a rassurés en nous disant que ce fonctionnement était faux et que les couples homosexuels ont autant de chances d'adopter que les couples hétérosexuels.

Aujourd'hui, nous devons recommencer toutes les démarches car cinq ans se sont écoulés et nous n'avons pas été appelés par le service Adoption pour nous informer que le Conseil de famille avait choisi notre famille pour les besoins d'un enfant. Nous devons donc remplir un nouveau dossier, revoir un médecin, un psychiatre et recommencer les visites avec les assistantes sociales. Je comprends que ces démarches puissent être décourageantes. Ce qui me fait mal au cœur, c'est de penser à tous ces enfants, placés en foyers, en famille d'accueil, qui ne demandent qu'à avoir une vraie famille et grandir dans l'amour et la bienveillance.

En juin 2022, je me suis rendu dans un foyer pour enfants en Belgique, afin de leur faire une surprise, car j'avais appris qu'ils écoutaient mes chansons pendant le trajet pour aller à l'école et rentrer au foyer. Un moment de grande émotion, vraiment. J'ai passé une bonne heure et demie à échanger avec eux, à écouter ce qu'ils avaient envie de me raconter, à prendre des photos. Je suis venu avec des petits cadeaux : mon dernier EP et mon dernier album. Ils étaient vraiment contents. Beaucoup m'ont offert des dessins, des photos d'eux. Des petits bouts de chou et des plus grands, tous adorables. Je sentais l'amour qu'ils avaient à donner et l'amour qu'ils souhaitaient recevoir. C'est dur de voir tous ces enfants abandonnés, quand, au fond de ton cœur, tout ce que tu souhaites c'est offrir une vie stable à un enfant. Je sais qu'au foyer ils sont entourés de personnes bienveillantes et aimantes. Mais je ne comprends pas que l'adoption soit si longue et compliquée quand on voit le nombre d'enfants qui attendent une famille et combien de familles attendent de pouvoir accueillir un enfant ! Nous ne souhaitons pas vivre avec des regrets, nous allons donc tenter d'obtenir un nouvel agrément, qui nous amènera peut-être cette fois-ci à une adoption. Nous le souhaitons plus que tout. Nous avons tellement d'amour à offrir…

Mais la suite, vous la connaissez peut-être…

Born to die

Born to die – Lana Del Rey

Born to die est la chanson qui m'a révélé au grand public le 2 février 2013, devant neuf millions de téléspectateurs. Cette chanson de Lana Del Rey a changé ma vie, à tout jamais.

J'ai présenté ce titre lors des préauditions de *The Voice* en pensant que ça n'allait pas plaire car j'en avais fait une version vraiment différente de l'originale. J'avais eu des frissons en écoutant par hasard cette chanson de Lana Del Rey sur YouTube, alors je n'ai pas résisté à la jouer sur mon piano à la maison, sans penser une seule seconde que, grâce à elle, j'allais vivre toutes ces choses magnifiques.

Au-delà de parler de ma reprise, j'aimerais parler du titre. *Born to die*, « né pour mourir ».

Ce thème peut faire peur, mais j'aimerais l'aborder. Nous savons tous qu'un jour ou l'autre nous mourrons. Beaucoup essaient de laisser cette réalité de côté, en pensant sûrement que ça n'arrivera jamais, que quelqu'un trouvera un remède pour nous offrir la vie éternelle. D'autres occultent cette réalité car la mort leur fait peur.

Pour ma part, j'avoue que l'idée de perdre un proche, ou de mourir, me fait ressentir une profonde tristesse et je redoute ce jour. Mais je laisse cette réalité dans ma tête, pour profiter encore plus de chaque instant. Pour créer des souvenirs avec les gens que j'aime afin de partir l'âme emplie de beaux moments. Je ne sais pas ce qui se passe après le mort, est-ce qu'on se réincarne ? Est-ce que c'est juste la fin et c'est tout ? J'ai du mal à concevoir l'idée qu'il ne se passe plus rien ensuite. Qu'arrive-t-il à notre âme ? J'ai envie de croire que tout ce qu'on a vécu, tous ces instants de bonheur, tout cet amour qui est en nous continue de vivre quelque part. Pas forcément sous une forme humaine, mais dans une espèce de cloud du souvenir ! J'ai envie de croire que l'on retrouvera toutes les personnes que l'on a aimées dans cet endroit. Nous ne saurons jamais vraiment ce qu'il se passe après, sauf quand sera venue l'heure de notre départ. Mais nous ne serons plus là pour le raconter.

Vous allez vous dire que je pars dans un délire, mais je pense qu'il est nécessaire et essentiel d'aborder le thème de la mort, pour que ce ne soit plus un tabou, pour être au courant de tout. Personnellement, j'ai envie que les gens qui m'entourent sachent comment je veux partir, connaissent les petits détails de la cérémonie. Par exemple, si un jour je me retrouve à l'hôpital sans activité cérébrale, je ne souhaite pas que l'on s'acharne pour me maintenir en vie. Si je ne suis plus qu'un corps qui respire artificiellement, je ne veux pas être une charge pour les autres tout en sachant qu'il ne se passera plus rien. J'ai envie que mes proches profitent avec les gens encore présents, je ne veux pas qu'ils restent à côté de mon corps dans l'espoir qu'un jour, par miracle, tout redeviendra comme avant. Je ne veux pas vivre léthargique. C'est mon choix.

Je ne veux pas non plus d'une cérémonie triste, parce que je ne suis pas quelqu'un de triste. J'aime que mes amis sourient, qu'ils passent un bon moment. Bon d'accord, un enterrement ce n'est jamais vraiment joyeux, mais j'ai envie qu'ils se remémorent nos meilleurs souvenirs ! J'aimerais même qu'on leur serve du champagne et qu'il y ait un super barman pour qu'une petite fête suive la cérémonie. J'ai envie qu'on célèbre nos moments de vie plutôt que ma mort !

Je ne suis pas une machine

Parallel Lives – Revolver

Je ne suis pas une machine, nous ne sommes pas des machines ! Il arrive que nous craquions. Ce n'est pas grave, c'est normal, c'est même essentiel. Si nous ne craquions pas nous serions des machines, sans cœur, sans émotions. Faire le maximum pour se sentir bien, diffuser les bonnes ondes est essentiel, mais parfois il arrive que des jours soient plus difficiles que d'autres.

Vous devez vous demander comment je fais pour traverser ces périodes compliquées ? C'est simple, je ne fais rien. Je m'installe dans le canapé, je regarde une série ou un film sur Netflix, souvent un film d'horreur avec des esprits (ne me demandez pas pourquoi, j'aime ce genre de films, ça me fait flipper, mais j'adore). Je fais la larve pendant quelques heures, j'écris, parfois je m'installe au piano, je mange ce qui me fait plaisir. J'écoute mes envies, et je remonte la pente de cette façon. Souvent, ça dure une journée et puis ça va beaucoup mieux. Je pense qu'il est nécessaire de s'écouter et de faire des choses qui nous font du bien pendant ces périodes où le moral est en berne. Ce sont des cycles, et ils sont essentiels car ils nous permettent de faire le point sur ce qui va et ce qui ne va pas, et ainsi trouver des solutions. J'ai appris à aimer ces moments, ils font partie de nous, finalement. Il est essentiel de ne pas refouler nos émotions, il faut apprendre à vivre avec, à les transformer en force. C'est ce que j'applique au quotidien, mais ça n'a pas toujours été le cas.

Il y a quelques années, j'étais plutôt du genre à me morfondre, à me dire que le monde s'écroulait, que je n'en sortirais jamais vivant… Un peu voire beaucoup de « drama » qui n'amenait rien de bien car je m'enfonçais encore plus ! Aujourd'hui, je prends possession de ces émotions car elles sont bien présentes, elles m'appartiennent, elles sont une partie de moi. Je les laisse glisser et j'attends que ça passe, en essayant d'être le plus bienveillant avec moi-même. Si je suis triste, eh bien je laisse la tristesse faire son chemin car si je la refoule, à un moment ou un autre elle ressortira et sera sûrement décuplée. Pour ma santé mentale, j'accepte mes émotions. Ça marche et ça me fait du bien. Essayez, peut-être que ça fonctionnera également pour vous, je vous le souhaite en tout cas !

Je vous invite à identifier les émotions que vous ressentez aujourd'hui ou que vous avez pu ressentir. Comment vous avez réagi face à ces émotions ? Comment pensez-vous pouvoir mieux vivre avec elles ?

« Allô la Terre ? »

You killed me on the Moon – Blow

Est-ce que ça vous arrive d'être un peu ailleurs ? D'avoir l'impression de ne pas être dans la réalité ? De vivre sur une autre planète ?

Depuis au moins vingt ans, j'ai cette impression, ce sentiment de ne pas être sur terre, d'être dans un entre-deux. Oui, c'est un peu bizarre ! J'ai l'impression d'être un peu alcoolisé, vous savez cette sensation après un ou deux verres, quand on se sent léger, mais aussi troublé. Cela m'arrive assez souvent, sans avoir bu, je vous rassure ! Alors je me dis : « Allô la Terre, y a quelqu'un ? Venez me récupérer ! » Je sais, c'est fou, et je me demande si chaque être humain ressent la même chose ou si c'est moi qui suis comme ça ! Je sais que nous ne vibrons pas à la même fréquence, que nous sommes tous différents. Je me pose alors des questions : que faisons-nous ici ? Qu'est-ce que je fais ici ? Est-ce que nous sommes là pour une raison précise ? Ou sommes-nous juste des vies perdues au fin fond de l'Univers ? J'imagine souvent ce qui peut se passer à des milliards d'années-lumière de notre planète. J'aimerais voir ce qu'il y a au-delà de notre système solaire.

Mais sans aller si loin, regardons notre planète, ce que nous en avons fait. Ça fait peur, de se dire qu'on n'arrive même pas à prendre soin de la planète sur laquelle on vit. Tout ne tourne qu'autour de l'argent et du pouvoir au détriment de la planète et de sa population. Quand je vois que des pays se font la guerre pour gagner des territoires alors que dans certains autres on meurt par manque d'eau et de nourriture. Quand je vois les efforts que nous faisons pour la planète et que je vais aux États-Unis où le chauffage et la clim' fonctionnent portes ouvertes, où les chauffages en terrasse existent toujours (terrasses non couvertes), je me dis que nos gestes du quotidien paraissent ridicules face à ces endroits où l'on ne fait attention à rien, ou presque.

Ne sommes-nous pas ici pour cohabiter ? Pour s'entraider ? Je sais, ma vision est utopique mais ce serait tellement mieux qu'on arrête de s'entre-tuer pour des conneries. De fait, chaque jour, j'essaie de faire preuve de plus d'humanité dans chacun de mes gestes envers la planète et envers les autres.

« C'est la course ! »

Always on the run – Yuksek

« C'est la course ! » est une phrase que j'entends et que je répète assez souvent… chaque jour en fait !

C'est une réalité : nous avons tous des vies bien remplies. Personnellement, entre la musique, mon label de musique et notre agence Talentcy, nous n'avons pas une minute à nous. Je crois que ça fait actuellement deux mois et demi que nous n'avons pas eu un seul week-end pour nous reposer. Les concerts, les événements, les déplacements s'enchaînent. Je ne suis pas en train de me plaindre, je constate simplement que l'agenda est chargé, et c'est une très bonne chose. Il y a quand même un moment où il va falloir ralentir un peu et s'accorder quelques jours de vacances pour pouvoir continuer à ce rythme. J'aimerais me dégager un peu de temps pour profiter de ma famille, que je n'ai pas vue depuis plusieurs mois, et pour voir mes amis qui me manquent. J'ai parfois un peu l'impression de les abandonner, mais je sais qu'ils comprennent que nous travaillons pour notre avenir. Je sais que nous aurons bientôt le temps de profiter ensemble de bons moments et de nous construire encore de nombreux souvenirs.

C'est la course, c'est vraiment la course en ce moment ! Vous savez de quoi je rêve ? De louer une maison avec un piano près d'une forêt, dans un endroit où il fait frais, 15 à 20°C au maximum (je ne suis pas un grand fan des hautes températures), de me reposer et faire des balades avec mes chiens. Pouvoir écrire et composer au calme. Je pense que je vais organiser cela prochainement. Des choses simples, prendre du temps pour soi. Je sais que mes chiens seront heureux de passer du temps dans la nature avec moi. Ça me fera du bien aussi, de me déconnecter pendant quelques jours, loin de toute cette agitation. La nature est essentielle pour moi, entendre le bruit du vent dans les branches et les feuilles des arbres m'apaise. Admirer la mer ou un ciel déchaîné m'a toujours fasciné. Se reconnecter à la nature, c'est le point de départ d'un voyage au cœur de soi.

Et vous ? De quoi avez-vous envie là, tout de suite, niveau séjour ou voyage ? Pensez-vous que ce sera réalisable prochainement ?

....

....

....

....

....

....

....

....

....

....

....

....

....

....

....

....

....

....

....

....

....

....

....

....

....

....

....

Les chiens de ma vie !

Close your eyes – Live for Burberry – Rhodes

« Que t'apportent tes chiens Philibert et Socrate au quotidien ? » C'est une question qui m'a souvent été posée sur Instagram : « Que t'apportent tes chiens ? »

Je vais tout d'abord vous parler de la relation que j'entretiens avec Philibert. C'est clairement l'amour de ma vie (avec Julien, bien entendu !) ! Philibert est arrivé à une période où j'avais besoin d'un être qui ne me jugerait pas, qui serait toujours là pour moi et pour qui je serais toujours là. Je ne sais pas si vous avez un animal et si vous allez comprendre cette relation. Je dirais que Philibert m'apaise. Je ne veux que son bonheur et ça m'a arraché le cœur quand j'ai dû le laisser deux mois dans une pension, en 2021, lorsque je suis parti en tournée d'été. J'aurais aimé l'emmener, mais plus de 15 000 kilomètres effectués en voiture, avec la chaleur, il n'aurait pas supporté. Philibert, c'est 40 kg de tendresse, deux grandes oreilles, un regard qui veut dire tellement de choses. Je me dis à chaque fois qu'il ne lui manque que la parole. J'aimerais tellement savoir ce qu'il pense de nous, et savoir à quel point il nous aime. Je lui répète chaque jour que je l'aime et que je serai toujours là pour lui. Vous allez sûrement trouver cela étrange de parler à un chien, mais punaise, qu'est-ce que je l'aime ! J'ai le ventre qui se tord quand je pense qu'un jour il ne sera plus là. Je préfère ne pas y penser, mais il arrive que cette idée me hante.

Socrate est le petit dernier de la famille, il est arrivé tout début janvier 2022. Initialement, ce sont nos amis Pierre et Sophie qui sont tombés amoureux de Philibert, et plus particulièrement de sa race : le braque de Weimar. Sophie m'a demandé de lui trouver un élevage pour potentiellement en adopter un. Je me suis lancé dans des recherches, et après quelques minutes, j'ai découvert qu'il y avait un élevage à une bonne heure de route de chez nous. Petit coup de téléphone, et rendez-vous pris pour le dimanche matin afin d'aller à la rencontre des chiots. De notre côté, nous n'envisagions pas de prendre un deuxième chien, même si on en parlait avec Julien, car Philibert est assez anxieux et destructeur quand il est seul. Il s'arrachait les poils au niveau du bas du dos même quand il n'était seul que 15 minutes.

Ce dimanche matin-là, nous partons donc à la rencontre des chiots. Sophie et Pierre sont en amour et décident d'adopter un des deux chiots restants. Avec Julien, nous nous regardons et discutons de l'éventualité de ramener le dernier chiot chez nous. Cela nous fait mal au cœur de le laisser seul, et nous savons qu'il pourrait grandir en profitant de son autre frère adopté par Pierre et Sophie.

Je ne vous raconte pas la tête de Philibert, chien unique, lorsque nous avons débarqué à la maison avec cette petite boule de poils qu'est Socrate ! J'ai eu mal au cœur pour Philibert, et j'ai bien cru que ça n'allait jamais passer entre les deux. Socrate souhaitait se rapprocher de Philibert comme il se serait rapproché de son papa ou de sa maman. Philibert, lui, s'échappait en courant dès que Socrate voulait l'approcher. Il aura fallu attendre deux, voire trois semaines pour qu'ils commencent à s'approcher réellement et à dormir dans la même pièce. La première nuit, Philibert n'a même pas voulu dormir dans le salon alors qu'il était séparé de Socrate. Nous avons été obligés de mettre son panier dans notre chambre. Beaucoup de changements en si peu de temps, et quels changements pour lui ! Il lui fallait simplement du temps !

Aujourd'hui, ils dorment l'un contre l'autre. Ils ont chacun leur caractère et il arrive que l'un ou l'autre se mette dans son coin. La relation qu'ils construisent jour après jour est merveilleuse et je suis heureux de les voir grandir ensemble. Philibert ne montre plus de signes d'anxiété, tous ses poils ont repoussé. Je me dis que nous avons fait le bon choix. Au début, j'avoue avoir eu peur de ne pas avoir le même lien avec Socrate que celui que j'aie avec Philibert. Socrate était assez distant, il n'aimait pas vraiment les câlins : c'est un chien assez indépendant. Plus il grandit, plus il aime venir se blottir contre nous. Je l'aime de plus en plus.

Pour répondre à la question initiale : mes chiens m'apportent la sérénité dont j'ai besoin, une bonne dose d'amour et ils ne me déçoivent jamais. Ce sont des chiens tellement affectueux, protecteurs, surtout avec les enfants. Un de mes rêves ultimes est d'avoir une maison assez grande à la campagne, avec un grand terrain, pour y vivre avec une dizaine de braques de Weimar. Oui, c'est un rêve un peu fou qui me prendrait tout mon temps ! Mais j'ai de plus en plus envie de cette vie-là.

« Aimer est plus fort que d'être aimé »

Frozen – Madonna

« Aimer est plus fort que d'être aimé » est la citation préférée de mon grand-père Daniel. C'est avec cette phrase, extraite de la chanson de Daniel Balavoine, que j'ai grandi. Nous avons été très vite sensibilisés aux associations. Quand j'ai commencé à chanter, j'ai rapidement participé à des concerts caritatifs. Le premier était « Les Virades de l'espoir », afin de récolter des fonds contre la mucoviscidose. J'y étais sensible, car un de mes camarades de classe en primaire était atteint de cette maladie. Il est parti bien trop tôt et cela m'a vraiment touché. Je ne l'ai jamais oublié. Il était donc important pour moi de donner un peu de mon temps afin de faire avancer la recherche. J'ai également participé à de nombreux concerts pour le Téléthon. Mon grand-père a un jour organisé un concert en faveur de l'association « Tous ensemble pour l'avenir de Chloé », une petite fille atteinte de la maladie des os de verre. Toute mon adolescence a été dédiée aux concerts caritatifs. J'ai été parrain de plusieurs associations.

En 2013, j'ai participé au concert « Tout le monde chante contre le cancer. » J'ai eu envie d'aller au plus proche des enfants malades, et me suis rendu dans les hôpitaux parisiens avec cette association. Cette expérience m'a bouleversé. Je me suis rendu compte de la force qu'ont ces enfants. Ce sont des battants, ils ont une approche de la maladie et de la vie qui t'amène à réfléchir et à relativiser ta propre vie. Ces visites à l'hôpital sont des moments hors du temps, desquels tu ressors vidé. Après l'une d'entre elles, en remontant dans la voiture pour rentrer chez moi, je me suis dit qu'il fallait que j'arrête de me plaindre à chaque fois qu'une petite chose m'arrivait. Je me souviens de cette adolescente qui revenait pour la troisième fois à l'hôpital. Elle était en pleine rechute, mais gardait une force incroyable et était déterminée à faire face à ce cancer pour la troisième fois. Son prénom m'échappe, mais je sais qu'elle souhaitait devenir avocat pour défendre les enfants malades. Ce sont des moments de ma vie que je n'oublierai pas. J'ai également participé aux Restos du cœur en Belgique, il y a quelques années, aux côtés de Maurane, Tina Arena et plus d'une trentaine d'autres artistes.

Plus récemment, j'ai été contacté par Léa Moukanas de l'association Aïda qui œuvre à améliorer le quotidien des enfants hospitalisés. Cette association a été montée par Léa alors qu'elle n'avait que 16 ans. Sa mamie est décédée en dix-sept jours d'une leucémie foudroyante et Léa a voulu s'impliquer dans une association malgré le fait qu'on lui ait répété qu'elle était « trop jeune ».

Après de nombreux refus, elle a donc décidé de créer sa propre association : l'association Aïda, en hommage à sa mamie disparue. Aujourd'hui, cette association est l'une des plus influentes de France et est composée de plus de 2 500 bénévoles à travers le pays, bénévoles qui sont quasiment tous mineurs.

Ce sont des personnes comme Léa et les bénévoles de son association qui me font garder espoir et foi en l'humanité. J'ai foi en cette génération. Je sais que de grandes choses peuvent être mises en place. Je ne remercierai jamais assez mon grand-père de m'avoir accompagné sur ce chemin, cela m'a fait grandir, cela m'a permis de me rendre compte que donner aux autres est une action qui fait du bien, aussi bien à eux qu'à soi. Voir le sourire et les yeux brillants des personnes à qui l'on donne est la plus belle des récompenses. Je suis admiratif de tous ces gens qui donnent de leur temps, de leur personne pour aider les autres, et je leur dis un grand « Merci ». C'est cet aspect des humains que j'aime le plus.

Vous savez, parfois, on a du mal à trouver un sens à notre vie. S'engager dans une association peut-être le sens que vous cherchiez. N'hésitez pas à vous renseigner auprès des différentes associations qui sont autour de vous.

« Comment s'est passé ton *coming out* ? »

My mind – Yebba

Je ne sais pas vraiment par où commencer. En réalité, je n'ai jamais vraiment caché qui j'étais. J'ai eu cependant envie de mettre les choses au clair quand j'ai eu 17 ans. J'ai demandé à ma belle-maman d'aller dans le jardin, chez mon grand-père, pour lui parler. Je lui ai dit que j'aimais les hommes et non les femmes. Elle m'a répondu : « On le savait, on attendait que tu nous en parles. Pour nous, il n'y a aucun souci. » Mon papa m'a dit : « Si tu es heureux, je suis heureux. Ton bonheur c'est le principal. » Pour mon grand-père paternel, je pense que cela a été plus compliqué à digérer, mais je n'ai jamais eu de remarques désobligeantes. Tout s'est passé en douceur, enfin presque. Un de mes oncles du côté de ma maman ne s'est pas gêné pour me traiter de « sale PD » et autres insultes homophobes. Comme je vous l'ai déjà dit dans les pages précédentes, quand quelqu'un dégage des mauvaises ondes, je le dégage de ma vie. Il n'y a pas de pincettes à prendre avec les personnes qui ne veulent pas notre bien. Peu importe qui elles sont, les personnes toxiques n'ont clairement rien à faire dans nos vies. Je n'ai aucun regret.

Je sais bien que tout le monde n'a pas la chance de vivre un *coming out* aussi serein. J'ai longtemps suivi une association qui s'occupe d'accueillir des jeunes ayant été virés du domicile familial à la suite de leur *coming out*. Ce sont des situations horribles et je n'imagine même pas la détresse dans laquelle ces personnes se trouvent. Qui peut renier un enfant, un frère, une sœur, une cousine… parce qu'il ou elle aime quelqu'un du même sexe ? Quand je pense que dans de nombreux pays, l'homosexualité est encore illégale et peut mener à l'emprisonnement ou la peine de mort ! Je pense que les personnes qui sont dérangées par l'homosexualité sont refoulées. Comment peuvent-elles être atteintes par ce qui se passe chez les autres ? Vous n'allez pas détester quelqu'un qui n'a pas les mêmes goûts que vous ! Personne ne forcera ces gens à devenir LGBTQIA+… Je suis vraiment dépassé par tout cela. Que chacun s'occupe de ce qu'il se passe dans son foyer avant d'aller interférer chez les autres !

J'ai en réalité du mal à comprendre le principe même du *coming out*. Pourquoi sommes-nous obligés de devoir passer par cette épreuve ? Cela devrait être tout simplement normal d'aimer. La société, la religion même ont fait en sorte que les personnes LGBTQIA+ se sentent honteuses d'aimer. Cela serait contre nature. Mais les sentiments sont bien naturels ! Je n'ose imaginer les personnes qui ont vécu pendant des années en essayant de cacher et même refouler leurs vrais sentiments par peur de la réaction de leur entourage. Elles sont peut-être passées à côté de l'amour de leur vie par peur de la réaction des parents… Ou encore celles qui vivent une double vie bien cachée. Vous imaginez comme c'est triste ? Je n'ose envisager leur douleur, ça m'est insupportable. Nous ne devrions pas avoir à faire un *coming out* pour nous justifier d'aimer quelqu'un.

« Tu es trop optimiste ! »

Summertime Sadness – Lana Del Rey

Qui peut vous reprocher d'être trop optimiste ? Sincèrement, je pense que nous ne sommes jamais trop optimistes. Et même si c'était le cas, que risquons-nous à essayer ? À y croire ? Au contraire, être pessimiste n'apporte que de mauvaises ondes : on râle, on se morfond, on perd tout espoir et surtout, on baisse les bras tout en se plongeant dans la négativité.

La vie des optimistes est clairement différente de celle des pessimistes. Essayez pendant une journée de vous dire que tout va bien se passer. Ne râlez pas quand un contretemps vient perturber votre emploi du temps, laissez couler et concentrez-vous sur l'essentiel. Vous verrez, vous vous sentirez plus léger en laissant la colère, l'aigreur, et tout ce qui va avec, de côté. Ouvrez grands les yeux, inspirez, expirez, pensez à toutes les belles choses que vous allez pouvoir faire, pensez à toutes ces personnes avec qui vous allez pouvoir passer du temps et vous créer des souvenirs qui resteront à jamais gravés. Dites-vous que les contretemps sont rarement rattrapables et qu'ils sont indépendants de votre volonté. Ils sont là, il faut les accepter. Vous énerver ne résoudra rien, je vous l'assure.

Voici une phrase que vous pouvez vous répéter dans ces moments d'énervement : « TOUT VA BIEN, je suis en vie, rien ne peut m'atteindre, ma journée est belle et elle le restera. »

« Où est-ce que tu t'en vas quand tu t'en vas ? »

Quand j'étais petit, on m'a souvent demandé : « Où est-ce que tu t'en vas, quand tu t'en vas ? » Cette phrase peut vous paraître étrange, mais le sens est : « Quand tu as l'air ailleurs, dans quel endroit es-tu ? » J'ai toujours aimé me construire des bulles imaginaires, dans lesquelles je pouvais aller me réfugier quand j'étais triste ou que je ne me sentais pas à ma place. Des endroits calmes, fermés, pas forcément lumineux car j'aimais déjà l'obscurité et ce sentiment de protection qu'elle dégage.

J'aime cette idée de pouvoir s'échapper de la réalité quand tout s'écoule autour de nous. Après tout, ça ne fait de mal à personne, on s'isole dans un lieu qui nous fait du bien pour guérir doucement d'un mal-être ou s'éloigner de quelque chose de négatif. Certains se créent des amis imaginaires, je n'en avais pas quand j'étais petit. Ça m'a toujours fait assez peur de penser que quelqu'un d'invisible pouvait être à côté de moi. C'est sûrement mon côté très sensible au paranormal qui m'a toujours fait me méfier de ces « amis imaginaires ». Chacun son truc, me direz-vous ! Dans la famille de Julien, mon mari, il me semble qu'une de ses cousines obligeait ses parents à ajouter une assiette à table pour son amie imaginaire. Là, ça me fait vraiment flipper !

Pour faire assez simple, même si j'aimais me construire une bulle pour m'échapper, j'y étais tout seul, je n'imaginais personne à mes côtés. C'est un peu contradictoire de se sentir en quelque sorte « abandonné » par ses parents, de chercher de l'amour dans les yeux de mon grand-père qui m'élevait, et d'avoir besoin d'être seul assez souvent. Je dirais que je suis un solitaire qui aime être entouré par moments !

Plus je vieillis, plus j'aime être seul. Je crois que j'ai un besoin viscéral de tranquillité. Attention, je ne me coupe pas du monde, et je ressens un besoin intense de passer du temps avec mes amis et ma famille. Cependant, j'apprécie beaucoup plus les moments de calme. Avant, lorsque j'allais à une fête ou que j'en organisais une, je déprimais le lendemain d'être de nouveau seul dans mon appartement si tranquille… Aujourd'hui, j'adore organiser des fêtes, qui sont la plupart du temps des moments hors du temps, mais j'apprécie le retour au calme du lendemain. Il m'arrive d'avoir un regain d'énergie en fin de journée. J'envoie alors un message à tous mes amis en leur demandant si ça leur dit de recommencer ! Tout le monde a l'air partant, mais ce n'est pas souvent réalisable !

Vu nos vies à cent à l'heure, j'apprécie le retour au calme et surtout les heures passées dans mon lit. Elles sont tellement rares que je n'en perds pas une miette. Je pense que c'est aussi ce qui me fait apprécier la tranquillité : les jours qui s'enchaînent à une vitesse folle. Au moment où je vous écris, je suis dans le train pour la Normandie, car j'y donne un concert ce soir. En ce moment, je n'arrête pas les allers-retours en train pour Paris. J'y étais dimanche, j'y suis revenue hier (mercredi), et j'y ai fait un arrêt rapide ce matin pour prendre ma correspondance gare Saint-Lazare. Ce week-end, nous aurons du monde à la maison, le repos ne sera donc pas encore pour cette fois. Mais ne vivons pas dans les regrets, profitons de chaque instant, des gens que nous n'avons pas vus depuis longtemps et qui nous manquent.

« J'espère que tu n'arrêteras jamais la musique ! »

Let it all go – Birdy + Rhodes

J'ai clairement perdu espoir en 2017. J'avoue que cette idée d'arrêter la musique m'a vraiment traversé l'esprit. Quand vous n'avez pas de projet concret et que vous ne savez pas où vous allez bien pouvoir aller, l'espoir se met en veille. Il est arrivé un moment où je ne postais presque plus rien sur les réseaux sociaux, avec l'envie qu'on finisse par m'oublier. Je ne trouvais plus d'intérêt à publier des photos ou des textes car je trouvais ma vie ennuyeuse. Je chantais toujours les mêmes chansons, je n'avais aucune confiance en mes compositions. J'avais l'impression de ne plus savoir chanter, l'impression de ne pas être fait pour ce métier. J'ai en quelque sorte fait une dépression, et je ne pensais pas remonter sur scène un jour. En tout cas, j'abandonnais chaque jour un peu plus cette idée.

Je me suis vite repris, car c'est ce que j'aime faire le plus au monde. Écrire, composer, aller en studio, chanter, vous chanter mes chansons sur scène, c'est clairement la vie que je souhaite vivre. J'avoue cependant que ce métier est parfois, même souvent, très dur. Malgré tous les efforts que l'on peut faire, on ne sait pas ce qu'il va se passer.

J'ai le cœur qui se réchauffe à chaque fois que je viens à votre rencontre avant ou après les concerts. Vous êtes les meilleurs remèdes à ces moments de doute. Vous êtes la force qui m'a donné envie de remonter à la surface.

Je me suis demandé ce que serait ma vie si j'arrêtais la musique.

Je pense que je n'arrêterais pas vraiment, je produirais d'autres artistes, comme je le fais déjà depuis quelques mois. Je pense toute de même que la scène finirait par me manquer. C'est triste de penser à tout ça alors que c'est ce que m'anime chaque jour. Jouer de la musique et chanter c'est dans mon cœur depuis que je suis tout petit. Arrêter serait comme briser les rêves du petit garçon que j'étais. Il a bien trop souffert pour que j'abandonne maintenant. J'irai jusqu'au bout avec la musique, même si je dois finir par chanter dans des salles presque vides. Et même si une seule personne vient m'écouter, je serai là pour elle. Tant qu'on voudra m'écouter, je viendrai chanter. Chanter me fait tellement de bien, ça a été ma bouée de sauvetage pendant mon enfance, mon exutoire. Il y a tellement de gens qui se sont battus pour que je puisse monter sur scène que ce serait irrespectueux de laisser tomber, de tout abandonner.

Vous n'êtes pas prêts de ne plus entendre parler de moi ! Je ne vais rien lâcher ! Ce qu'on a construit ensemble depuis toutes ces années est bien trop beau pour que tout s'arrête.

Je ne remercierai jamais assez les personnes qui se déplacent pour venir m'écouter. Votre soutien est si précieux dans nos vies, dans notre métier. Je n'aurai peut-être jamais autant de succès que d'autres artistes. Mais je ne chante pas pour le succès ! Je chante parce que c'est ce qui me fait vivre. Le succès, c'est la cerise sur le gâteau. Ce que je souhaite, c'est avoir l'occasion de vous retrouver sur scène, de sortir des albums le plus longtemps possible. J'ai hâte que vous puissiez découvrir toutes ces chansons que j'ai à vous offrir. Je ne veux absolument par vivre avec des regrets, alors je continue et je m'épanouis enfin dans la musique. Je prends conscience de chaque note, de chaque mot. Je chante la musique que je crée et vous semblez l'aimer, c'est ma plus belle récompense ! Merci pour tout.

Je le garde, en souvenir

Love in the dark – Adele

Est-ce qu'il vous arrive de garder des objets en vous disant, « ça peut servir » ou « c'est un souvenir » ? Je suis un peu de ce genre. Attention, je n'accumule pas des milliers de choses ! Mais il m'arrive de tomber sur un vieux carnet, une vieille carte postale, un ruban, un bracelet, un dessin, et de me dire que ce sont des souvenirs auxquels je tiens.

Ces choses sont souvent entassées dans un tiroir qu'on aime appeler le « tiroir à bordel ». Je crois qu'on fait le tri tous les trois ou quatre mois. Il y a cependant des objets qui y sont depuis des années, et quand je ne veux vraiment pas m'en séparer, je regroupe tout dans une boîte que je stocke au grenier. Oui, c'est vrai, j'en profite encore moins que lorsqu'ils sont dans le tiroir à bordel, mais je sais que ces choses sont protégées, et bien au chaud dans leur boîte ! Vestiges du passé, vestiges d'émotions intenses. Parfois, il m'arrive de dire au revoir à certaines « choses ». C'est assez dur sur le coup, mais la vie reprend vite son cours et tout se passe pour le mieux, je vous rassure.

Je pense à un petit bracelet sans valeur marchande qui m'avait été offert par une personne à qui je ne parle plus. Je le conservais précieusement, peut-être parce que je gardais le doux souvenir de cette personne qui ne reviendrait jamais. Puis un jour, j'ai eu envie de passer à autre chose, d'arrêter de repenser à tout ce qui s'était passé. J'ai pris ce bracelet et je l'ai jeté.

On s'attache parfois à des objets qui, finalement, ne nous apportent pas que du réconfort. Ils sont souvent le vestige d'événements et d'émotion passés. Dès que nous tombons dessus, ils nous plongent dans une certaine nostalgie qui peut miner le moral et faire revivre des instants précieux que nous ne revivrons probablement jamais, car uniques. Cela peut même conduire certaines personnes dans une certaine déprime. Ce week-end, j'ai fait le tri dans mon grenier car il va y avoir quelques travaux à la maison. J'ai réussi à me débarrasser de certains objets qui me paraissaient indispensables. J'ai de plus en plus de facilité à les laisser filer. J'ai l'impression que ça m'enlève un poids des épaules. Je me sens moins sous l'emprise de ces souvenirs et je peux affronter l'avenir avec plus de liberté. C'est comme vider ses bagages.

Est-ce que vous aussi vous avez des objets, vêtements dont vous ne voulez pas vous séparer car ils vous rappellent une personne, un événement, une émotion ?

« Pourquoi as-tu choisi Jenifer à *The Voice* ? »

Donne-moi le temps – Jenifer

Cette question m'a été posée des centaines de fois ! Je ne sais pas ce que certaines personnes ont contre Jenifer. Je l'ai choisie car j'ai ressenti une émotion particulière lors de mon audition à l'aveugle en saison 2. J'ai été comme hypnotisé. J'ai su tout de suite après avoir chanté que c'est avec elle que je devais entamer mon aventure *The Voice*. Elle a su me guider, me donner des conseils, me faire part de sa culture musicale. Elle a été comme la grande sœur que je n'ai jamais eue.

Jenifer est une femme d'une douceur et d'une gentillesse rarement égalées dans le milieu de la musique. C'est toujours un bonheur de la croiser, d'échanger quelques mots. Je sais qu'elle se tient informée de ce qui m'arrive : elle savait, par exemple, que Julien et moi nous étions mariés. C'est un amour et aussi une personne qui a souffert suite à sa médiatisation. Pendant *The Voice*, elle me disait de ne pas lire les commentaires, de me protéger comme elle-même aurait dû le faire. J'ai toujours voulu être proche des gens, et je voulais savoir pourquoi certains ne m'aimaient pas, mais c'est peine perdue. Sur les réseaux, il y a tellement de *haters* uniquement connectés pour déblatérer des horreurs sur les autres. C'est donc un piège de lire tous les commentaires, car on tombe toujours sur l'un de ces commentaires haineux. Je me protège beaucoup aujourd'hui.

Jenifer m'a été d'une grande aide. C'est vraiment une personne qui m'a donné envie de m'accrocher dans ce milieu, de ne rien lâcher, même quand j'étais prêt à tout arrêter.

Aujourd'hui, j'ai peu de nouvelles de Jenifer. Ça me peine un peu, mais je sais que nous avons tous notre vie et, finalement, je n'ai été qu'un talent parmi tous les talents qu'elle a pu coacher dans *The Voice*. Peut-être qu'un jour nos routes se croiseront à nouveau.

« À quoi ressemble ta vie ? »

On m'a énormément demandé à quoi ressemblait ma vie depuis *The Voice*, si l'émission avait eu un impact sur mon quotidien. C'est indéniable, il y a eu un avant et un après *The Voice*. Pour rappel, le jour où mon audition à l'aveugle sur *Born to die* de Lana Del Rey est passée, l'émission a fait près de neuf millions de téléspectateurs ! Dès le lendemain, les gens me reconnaissaient dans la rue ! Une période vraiment folle et parfois effrayante tant certaines personnes peuvent se montrer intrusives. Vous ne seriez certainement pas en train de lire ce livre si je n'avais pas participé à la saison 2 de *The Voice*.

En revanche, on ne me pose jamais la question : « Est-ce que ta vie ressemble à ce que tu voulais en faire ? Est-ce que tu vas bien ? »

J'ai l'impression que, dans la tête des gens, lorsque tu passes à la télévision et que ça commence à décoller pour toi, tout le reste va dans le même sens. C'est comme si toutes les étoiles s'alignaient et que tous les problèmes s'effaçaient pour laisser place à la lumière. Je vous rassure (ou pas d'ailleurs), rien ne s'efface et les problèmes sont toujours là. D'autres problèmes s'ajoutent même ! Quand vous êtes mis dans la lumière, toute la vermine qui ne vous aime pas depuis des années ou même depuis quelques jours, s'active pour essayer de vous nuire. Je sais, par exemple, qu'une ancienne connaissance a vendu des photos personnelles de moi en maillot de bain à un spécialiste des ragots afin de se moquer de moi.

Ce début de notoriété a donc été compliqué à vivre. C'est en même temps fascinant car de nombreuses portes s'ouvrent et on pénètre dans un monde qui nous semblait jusque-là vraiment inaccessible. J'écris ce chapitre car j'ai vraiment envie que vous sachiez qu'avoir de la notoriété ne fait pas toujours de vous quelqu'un d'heureux. Certes, vous avez accès à des choses autrefois inaccessibles, comme vous retrouver à cinquante centimètres de célébrités internationales, mais ce n'est pas tous les jours la lumière. Je dirais même que la lumière représente 30 % de votre vie, les 70 % qui restent se passant dans l'ombre, avec tout ce que cela représente de bon comme de mauvais.

Je crois qu'à l'époque, il y a dix ans maintenant, on ne parlait pas de santé mentale. C'est un terme et une préoccupation beaucoup plus récents. Quand on osait dire qu'on ne se sentait pas bien moralement, on passait pour un fou. Je me souviens d'une conversation avec un membre de mon équipe artistique de l'époque. Une conversation qui avait provoqué des étincelles, et nous nous étions quittés fâchés ce jour-là. Je souhaitais lui parler de l'avenir, car j'étais plein de doutes, je me questionnais sur les projets futurs, sur ce qu'on pourrait faire… Des questions légitimes quand on est propulsé dans un milieu féroce et que l'on a 23 ans. Je lui parlais du fait que je me sentais seul, que j'avais l'impression d'être mis à l'écart, que j'avais peur que tout s'arrête… « On » m'a répondu que je me prenais la tête pour rien, qu'on allait faire plein de choses, que si j'étais déprimé il fallait voir un psy. J'avais pourtant des raisons de m'inquiéter puisque quelques semaines plus tard, l'équipe artistique m'a lâché pour s'occuper d'une autre artiste, étoile montante du cinéma et de la musique. Mes doutes sont devenus réalité et ma santé mentale en a pris un coup.

Ce qui est incroyable dans ce métier, c'est d'être si entouré mais si seul à la fois. Quand la notoriété commence à s'éloigner, vous (re)devenez un inconnu. Toutes ces personnes avec qui vous avez passé de super moments, ces personnes que vous avez invitées chez vous, disparaissent et ne donnent plus de nouvelles. J'ai envie de dire que c'est un mal pour un bien. Au début, vous avez l'impression d'être un moins que rien, puis, avec le temps, vous vous rendez compte que ces personnes ne vous méritaient pas.

Aujourd'hui, si vous me demandez à quoi ressemble ma vie et est-ce qu'elle me convient, je vous répondrai que ma vie ressemble de plus en plus à l'idéal que j'ai en tête. J'ai un mari sur qui compter et qui peut compter sur moi. Nous avons une famille, des amis sincères sur qui compter et qui peuvent compter sur nous. Nous avons deux entreprises qui fonctionnent. J'aimerais bien entendu plus de concerts, plus d'albums… Nous y travaillons ! Mentalement je vais beaucoup mieux car j'ai autour de moi des gens fidèles, avec qui je peux parler de tout sans être jugé. J'ai choisi une vie sans regrets. J'essaie, si ça fonctionne tant mieux, si ça ne fonctionne pas… j'aurai essayé !

Dans la vie, on fait des rencontres, et il y a des rencontres qui font la vie

Des gens heureux – Trois vagues

Je vais vous parler de ma plus belle rencontre artistique de ces dernières années : Jérôme Brulant. Tout est parti de ma participation à *The Voice All Stars*. Lors de mon élimination, j'ai eu l'impression que mon cœur se brisait en mille morceaux. En sortant du plateau, je n'avais qu'une envie, faire sortir ce trop-plein d'émotion à travers mes larmes. Je pense que *The Voice All Stars* a été ma lumière au bout du tunnel, car je traversais une période sombre, j'étais clairement en pleine dépression. Lorsque l'aventure s'est terminée, j'ai d'abord vécu cela comme un échec. Suite à cette élimination, des événements ont fait que j'ai revu un ancien talent de la saison de *The Voice*, Flo Carli, huit ans après notre participation au télécrochet. Nous avons échangé pendant de longues minutes et il m'a dit de passer le voir en studio dans les deux jours pour qu'il me présente Jérôme, avec qui il travaillait sur ses compositions. Jérôme habite à 1,5 km de chez moi. C'est dingue que nous ne nous soyons jamais rencontrés ! J'avais entendu parler de lui par Françoise, une créatrice de mode avec qui je travaille, mais étant assez timide, je n'avais jamais osé le contacter.

Lors de notre rencontre, le feeling est passé tout de suite, et je lui ai fait écouter des morceaux de mes compositions. J'avais gardé tout cela caché au fond de mon Mac. Personne n'avait rien entendu car je ne croyais pas en mon talent de composition et d'écriture. Ce manque de confiance vient de mes premiers pas dans l'industrie de la musique, lorsqu'on ne lisait même pas mes textes ou qu'on me disait : « On a mieux ! »... et qu'au final, je me rendais compte que le « mieux » était en fait la petite amie du directeur artistique ou la femme du réalisateur de l'album. On vous fait croire que vous êtes mauvais pour « placer » des amis, rogner sur les droits d'auteur... Je pense que ces personnes, attirées par l'argent, ne voient même plus la réalité et le mal qu'elles causent autour d'elles. Je n'imagine même pas le nombre de ceux qui ont été brisés de cette manière ! Quand vous avez 23 ans et que vous arrivez dans ce milieu, vous ne comprenez pas tout de suite, vous faites confiance. Vous êtes avec des professionnels. Finalement, c'est la déception qui est le sentiment dominant L'impression d'être dans un ascenseur qui dévale cinquante étages d'un coup. La désillusion. Mais il ne faut rien montrer au public, on doit toujours garder le sourire, ne montrer que le côté « paillettes » du métier. Nous devons, je cite, « Faire rêver les gens », alors que ce que nous vivons est un cauchemar.

Quand je lui ai fait écouter mes ébauches de compositions, Jérôme m'a tout de suite dit qu'il y avait du potentiel et qu'on pourrait sûrement en faire de superbes chansons. C'est la première fois que j'entendais ces mots d'un professionnel de la musique. Nous nous sommes donné rendez-vous chez moi une semaine plus tard, pour commencer à composer. J'étais un peu stressé car c'était la première fois que j'allais participer à une séance d'écriture et de composition en binôme. J'avais peur de ne pas être à la hauteur ou d'être trop dans la retenue pour exprimer mes idées.

Pour vous expliquer un peu l'envers du décor, nous sommes dans mon salon. Nous nous installons devant le piano ou alors Jérôme prend sa guitare. On commence à jouer des accords un peu au hasard, on essaie de trouver des idées de mélodies et les mots viennent pour former un texte. C'est comme cela que les séances se déroulent. Imaginez la scène si vous vous retrouvez avec quelqu'un avec qui vous n'êtes pas à l'aise, et que vous n'arrivez pas à exprimer vos idées de peur d'être jugé ! Ma peur s'est vite dissipée et cette première séance de composition a été une évidence, on a tout de suite compris la direction que l'on voulait prendre. On était complémentaires, rien n'était compliqué. Ces journées de composition et de studio ont fait naître entre nous une amitié sincère. Amitié qui s'est également développée avec Perrine, la compagne de Jérôme et membre de leur groupe Trois vagues. Nous avons d'ailleurs, avec Jérôme, composé la chanson que vous êtes peut-être en train d'écouter : *Des gens heureux*.

Dans la vie, on fait des rencontres, et il y a des rencontres qui font la vie, c'est clairement le cas avec ces fabuleuses personnes. Nous étions faits pour nous rencontrer, ce n'était simplement pas le bon moment, avant. C'est encore une fois le signe que tout arrive toujours au moment voulu. L'impatience nous pousse à nous décourager. J'aurais pu abandonner mille fois et je n'aurais jamais connu ces moments heureux, cette joie de pouvoir composer et écrire la musique qui me fait vibrer. C'est si important de ne pas sombrer dans le défaitisme ! Vous risquez de louper tellement de belles choses, tellement de moments forts qui resteront gravés parmi les plus beaux moments de votre vie.

N'abandonnez rien, croyez en votre avenir, croyez en vos rêves, vivez sans regrets !

Puisque le titre de mon livre est Vivre sans regrets, je vais continuer ce partage avec vous sous une forme différente de ce que vous venez de lire.

J'ai toujours eu envie de tenir un journal de bord, pour exprimer mes sentiments au quotidien, pour écrire certains événements qui se passent afin de ne pas les oublier et les relire un jour.

Ce que vous vous apprêtez à lire, c'est ma vie de tous les jours. Ce que je pense, ce que je vis et c'est aussi la dernière partie de ce livre. J'avais envie de me livrer un peu plus sur mon quotidien, que vous soyez au cœur de mes journées.

7 juin 2022

Que tu n'aimes pas – Olympe

Ce week-end était très intense. Samedi 4 juin, j'ai chanté sur la scène des Océans de la radio à Biscarosse Plage, et le lendemain j'étais sur la scène de Tournai en fête, en Belgique. Ce sont des moments forts que nous vivons sur scène. Ils sont parfois courts, quand on interprète trois ou quatre chansons. Courts mais intenses. C'est une adrénaline que nous recherchons en tant qu'artiste. Après ces moments très forts vient une grande fatigue. Ayant actuellement un polype sur la corde vocale droite, je suis sous traitement. La cortisone aide à chanter, mais les effets secondaires sont bien présents, et les jours qui suivent la prise du médicament sont empreints de grande fatigue et de solitude. C'est toujours dans ces moments-là que les commentaires haineux se propagent sur les réseaux sociaux. Évidemment, c'est aussi là que je suis le plus vulnérable. La fatigue, les effets de la cortisone, l'adrénaline qui retombe. Hier j'ai pu lire : « Euh cette veste, quelle horreur ! » ou encore : « Olympe a gonflé c'est de pire en pire ! »

Clairement, je ne comprendrai jamais ces réactions. Si vous n'aimez pas quelque chose, pourquoi aller l'afficher sur le profil de la personne qui poste la vidéo ou la photo en question ? Je ne demande pas d'avis sur ma veste, je n'ai sollicité aucune réaction sur celle-ci. J'ai grossi, et alors ? Est-ce que ça vous empêche de vivre ? Non. J'ai simplement envie qu'on me foute la paix. Aujourd'hui, je bloque. Manière radicale, mais manière de me protéger. Je ne souhaite que des bonnes ondes. Je n'ai plus d'énergie à dépenser pour ces gens. L'énergie qu'il me reste me sert à créer, à construire mon avenir. Les personnes viscéralement méchantes n'ont pas leur place dans ma vie. Je vis mieux depuis que je me protège de toutes ces idées négatives. Point final.

13 juillet 2022

Lisztomania – Phoenix

Il est 9 h 15 et je donne un concert ce soir près de Dijon. Socrate, mon deuxième braque de Weimar, a fait pipi juste devant la porte d'entrée à l'intérieur de la maison alors que j'étais en train d'ouvrir la porte pour le sortir. La journée commence bien !

Le Uber qui devait nous emmener à la gare a annulé sa course une minute avant d'arriver. Nous commandons donc un autre chauffeur pour nous emmener à la gare. Une fois montés dans le TGV, nous sommes déplacés dans un autre wagon car la clim' du nôtre ne fonctionne plus. Il fait, je pense, 30 °C dans le wagon ! Le TGV est prévu à l'heure, ce qui est une bonne chose car nous avons une correspondance à Paris. Mais le personnel de bord prend la parole : « La petite Nina et le petit Paolo âgés de 4 ans sont actuellement seuls en voiture 7, nous prions leur papa de se rendre immédiatement en voiture 7. » Il est 9 h 21, notre train devait partir à 9 h 12. Je me demande comment un papa peut laisser ses enfants de 4 ans seuls dans un TGV… Ça me dépasse, je n'imagine même pas ce que doivent ressentir ces enfants, abandonnés dans un wagon de cette façon.

Malgré tout cela, j'ai envie de me persuader que cette journée sera une très bonne journée, et que TOUT VA BIEN ! Après tout, les petits retards et imprévus du matin ne sont que des imprévus qui vont se résoudre. Si nous loupons la correspondance à Paris, nous prendrons le train suivant, c'est indépendant de notre volonté. Je ne vais pas laisser toutes ces petites choses gâcher ma journée. Voyons le côté positif, nous sommes en pleine forme, il fait beau, et ce soir je vais faire ce que j'aime le plus au monde : chanter. J'espère tout de même que la journée se finira mieux pour cette petite Nina et ce petit Paolo. Vraiment je suis écœuré par ces gens qui laissent leurs jeunes enfants seuls. D'autant plus que nous vivons à une époque où les faits divers sont de plus en plus flippants.

MISE À JOUR : le contrôleur vient de prendre la parole, les enfants s'appellent Ninon et Timothée, et leur papa était bien présent dans le train, mais installé dans un autre wagon… et il n'écoutait pas les annonces des contrôleurs. Ses enfants étaient bien seuls dans un wagon ! Bref… Nous partons de la gare de Lille Flandres avec 20 minutes de retard. Ça va être la course à Paris pour monter dans le prochain train. J'ai réussi à m'acheter un *latte* vanille avant de monter dans le train, TOUT VA BIEN.

Il est 10 h 29 et nous arrivons à la gare du Nord. Nous avions commandé un taxi, il n'est pas au point de rendez-vous. Nous perdons dix bonnes minutes à le chercher. Ça roule plutôt bien dans Paris malgré quelques embouteillages. L'avantage des taxis, c'est qu'ils peuvent emprunter les voies de bus, donc nous gagnons un temps précieux. Il est 11 h 06, le train part à 11 h 20. Nous sommes dans les temps.

Nous voilà installés dans le TGV en direction de Dijon, il n'y aura pas de wagon bar pendant le trajet, un peu gênant avec cette chaleur d'autant plus que nous n'avons pas eu le temps d'acheter de quoi boire ou manger suite au retard de notre premier train. Notre TGV vient de s'arrêter suite à un incident technique. Il y a des journées comme cela où tout s'enchaîne. Mais TOUT VA BIEN, il faut rester positif. Nous arrivons à

Dijon, très jolie ville que j'ai eu la chance de parcourir rapidement suite à mes différents concerts dans la région. Les rues sont vraiment belles, avec des bâtiments en pierres et des maisons à colombages.

Il est 20 h 43 et j'apprends une terrible nouvelle.

20 h 43

Won't look Back – Josh Groban

J'apprends que Charlotte Valandrey est décédée. Je pose mon téléphone, je n'y crois pas. Je reprends mon téléphone et envoie un message à mon ami Sébastien.

J'ai rencontré Charlotte Valandrey lors d'un dîner de gala « Action contre la faim » au Grand Palais à Paris, en 2014, gala au cours duquel je chantais. J'étais assis à la table de Charlotte, Bernard de La Villardière, Kareen Guiock-Thuram et Joyce Jonathan. Nous n'avons pas eu l'occasion de parler car la table ronde était immense et Charlotte se trouvait en face de moi. Nous avons passé la soirée à échanger des regards et des sourires. J'ai tout de suite su qu'elle était exceptionnelle. Je ne la connaissais que de nom et ne connaissais pas son histoire. Ce n'est que plus tard que mon ami Sébastien, l'un de ses amis les plus proches, m'a parlé d'elle. Il m'a dit que Charlotte aimait beaucoup ma voix, c'est donc tout naturellement que je l'ai invitée à mon concert au Flow, à Paris.

Le concert avait lieu dans une salle flottante sur la scène. J'avais 40 °C de fièvre, la voix vraiment pas au top. J'ai assuré le concert, car je ne voulais pas annuler. J'avais peur de ce que le public allait penser de ma prestation, d'autant plus que j'étais seul sur scène avec mon piano à queue. Charlotte est venue me voir à la fin du concert, nous avons parlé un petit moment, pris une photo, et on s'est promis de se reparler assez vite. Nos vies respectives étaient bien remplies, mais quelques années plus tard, Sébastien m'annonce que Charlotte a envie de chanter ! Nous allons donc, lui et moi, lui écrire et composer une chanson. *Les Amis* naît et nous la proposons à Charlotte qui l'adore, elle pose même sa voix sur une maquette. Malheureusement, le titre ne sera pas retenu par son équipe pour des histoires de droits d'auteur. Mais Charlotte adore la chanson et me demande de la garder pour plus tard…

Nous sommes aujourd'hui le 13 juillet 2022 et j'apprends qu'elle est partie. Je suis si triste. Je suis encore plus triste pour mon ami Sébastien, car je sais à quel point il était proche de Charlotte. Vous savez, quand un être exceptionnel comme Charlotte s'en va, un vide immense est laissé dans la vie des gens qui restent.

Je n'ai pas envie d'être triste, j'ai envie de célébrer la femme qu'elle était et qu'elle restera dans des milliers de cœurs. J'ai envie de célébrer l'artiste qu'elle était et tous ces magnifiques souvenirs qu'elle nous laisse aussi bien au cinéma, sur le petit écran, par ses livres et plus récemment avec sa musique. Mon ami Sébastien m'a renvoyé la vidéo que Charlotte lui avait fait passer. On la voit heureuse de chanter notre chanson, c'est beau à voir ! C'est l'image que je garderai de Charlotte, une femme qui croque la vie à pleines dents et qui va au bout de ses projets !

Charlotte, je te souhaite une très belle suite là-haut, je sais que nous nous retrouverons tous un jour.

22 juillet 2022

Glimpse of Us – Joji

Je n'ai pas envie d'écrire sur un thème particulier ce matin. Juste envie de laisser mes doigts écrire mes pensées. Je vous avoue être épuisé aujourd'hui. Comme l'impression d'être passé sous un rouleau compresseur. Je pense qu'il est grand temps que j'écoute mon corps et que je prenne quelques jours de vacances. À vouloir faire trop de choses professionnellement parlant, on s'oublie personnellement. J'ai juste besoin d'une semaine ou deux pour dormir et prendre le temps. J'en rêve !

Je pars le 14 août en Espagne, à Séville, puis à Madrid. Les températures à Séville en ce moment montent jusqu'à 45 °C à l'ombre. Je ne sais même pas pourquoi on s'inflige ces températures. Je déteste la chaleur. Mais j'ai tellement envie de visiter cet endroit. Quant à Madrid, c'est une ville que j'affectionne particulièrement et dans laquelle j'ai tellement de souvenirs, tellement de moments hors du temps qui me restent en tête !

Je suis allé une bonne vingtaine de fois à Madrid et je n'ai jamais été déçu par cette ville et ses habitants. Chaque fois que j'y retourne, j'ai l'impression de revenir à la maison. Il y a ce sentiment, cette impression si familière avec Madrid. J'aime me promener sur la Gran Via, faire un arrêt au marché San Miguel, boire quelques verres dans le quartier Chueca. J'avoue que j'ai une petite appréhension à l'idée d'y retourner. Pour tout vous dire, la dernière fois que j'y suis allé, mon bar préféré n'existait plus. Il était remplacé par un restaurant sans âme. Avec la crise du Covid, que nous traversons depuis plus de deux ans, les commerces et les bars espagnols ont souffert. Mais rien n'enlèvera tous les bons souvenirs que j'ai en tête, l'architecture de la ville, son rythme, son sens de la fête. Souvent, je pense aux personnes que j'ai pu rencontrer là-bas, j'aimerais savoir ce qu'elles sont devenues. Ce serait même drôle de les recroiser.

Est-ce que ça vous arrive de repenser à des personnes que vous avez connues ? Que vous avez aimées ? Et d'imaginer leur vie aujourd'hui ? Je me demande aussi si ces personnes pensent à moi et se demandent ce que je suis devenu. J'ai du mal à croire qu'on peut oublier quelqu'un avec qui on a passé de beaux moments. J'ai l'intime conviction qu'il y a quelque part en nous cette émotion qui reste intacte. Ce souvenir d'un moment de joie, de rire, de plaisir. Ce souvenir d'un être qui a partagé tant de tendresse avec vous. J'aimerais tellement que nous soyons tous connectés et que nous puissions envoyer des petits signaux de temps en temps, pour dire à quelqu'un que nous avons perdu de vue : « Je suis là, si tu as besoin. J'espère que tu vas bien. » J'ai ce besoin viscéral de savoir que tout le monde va bien. Je sais à quel point la vie est cruelle à certains moments. J'aimerais pouvoir revoir toutes les personnes avec qui j'ai passé de bons moments avant de quitter cette terre. Je sais bien que tout ça est impossible. Alors, je garde ces souvenirs précieux comme des cartes postales qu'on envoyait étant petit, lorsque nous étions en vacances.

Demain, je me rendrai à Paris pour voir mon père et ma belle-mère. Je ne les ai pas vus depuis Noël. Les moments en famille sont si précieux ! J'ai hâte de les retrouver. J'ai hâte aussi de me rendre à Paris pour autre chose que de la promo pour mon album. J'ai envie de profiter de la ville, de la retrouver, elle qui me faisait tant rêver quand j'étais ado, et que j'ai « perdue » quand je m'y suis installé. Paris est belle, j'y ai également de nombreux souvenirs que je ne pourrai jamais oublier. Elle m'a fait également tant de mal. Tant de blessures d'ado et de jeune adulte qui resteront ancrées sur ma peau. Aujourd'hui, je ne pourrais plus vivre à Paris, mais je suis content quand je la retrouve pour quelques heures ou quelques jours. Pas plus longtemps, car les souvenirs douloureux remontent à la surface.

Oui, je suis nostalgique ce matin. Vous vous en êtes rendu compte, non ? Nostalgique de tous ces moments que j'ai pu vivre dans ces villes. Je ne parle pas de New York, je me suis déjà exprimé sur le sujet dans les pages précédentes.

Il y a des jours comme ça où la mélancolie s'empare de mes pensées. Comme je l'ai déjà écrit, je la laisse s'installer et je vis ces instants. Je l'accepte, et j'avoue que c'est plutôt agréable. Au début, je dois dire que c'est un peu pesant. Je lui dis : « Encore toi ! La journée va être compliquée ! » Puis j'arrête de lutter. Je me laisse prendre au jeu et c'est plus simple ainsi. Au final, j'ai repensé à des moments de bonheur, à des visages enfouis dans mon esprit. Je me suis remémoré des instants précieux.

Je me sens plus léger alors que je pensais garder le cœur lourd toute la journée.

Il est l'heure pour moi de me rendre à un rendez-vous pro. Je garde dans les oreilles *Glimpse of Us*, de Joji. Cette chanson m'apporte un sentiment de légèreté, l'impression d'être enveloppé dans du coton, que rien ne pourra m'arriver. C'est une chanson qui donne envie de prendre les gens qu'on aime dans nos bras. Je devais partir et je suis toujours là à vous écrire mes pensées du jour.

Allez, je me sauve, je vous retrouve très très vite ! Je vous souhaite une belle journée ou une bonne nuit, selon l'heure à laquelle vous me lisez.

Plein de belles ondes pour vous !

23 juillet 2022

Scarred – Giveon

Je viens de recevoir un SMS de ma maman. L'homme qui partageait la vie de ma mamie depuis plus de vingt ans est décédé. Il allait avoir 96 ans mardi prochain. Vous allez dire que c'est un bel âge. Il aura eu une belle vie, fait de nombreux voyages à travers le monde. Il aura passé ses derniers jours à l'hôpital atteint de la Covid-19 et c'est ce qui l'a fait partir.

Jean, je te souhaite un bon repos là-haut, je t'embrasse très fort.

Le train n'est pas encore parti et c'est le cœur empli d'émotion que je m'apprête à rejoindre Paris. J'ai hâte de voir mon papa et ma belle-maman pour qu'on puisse se construire encore de nouveaux souvenirs. Nous avons si peu de temps pour nous voir, il faut donc en profiter lorsque l'occasion se présente. Le temps avec ceux que l'on aime est si précieux. Il passe à une vitesse folle et nous éloigne peu à peu des gens que l'on aime. Il est plus urgent que jamais de vivre, de profiter de la vie !

Le train a du retard, comme d'habitude. J'ai hâte de poser mes pieds dans la Ville Lumière. Hâte de découvrir un nouvel hôtel, de déambuler dans les rues. J'ai bien envie d'aller à la « nouvelle » Samaritaine, je n'en ai pas encore eu l'occasion. Comme je l'expliquais précédemment, mes derniers séjours à Paris ont été brefs et je n'ai pas eu une seule minute pour visiter. Tout s'est fait dans la précipitation, j'ai enchaîné interview sur interview, rendez-vous sur rendez-vous. Ça va me faire le plus grand bien d'y être dans un but récréatif. Prendre le temps, pour une fois.

9 août 2022

Cloudbusting – Kate Bush

J'ai vraiment besoin de vacances ! Cela fait au moins deux ans que je ne suis pas parti pour me reposer. Piscine, transat, soleil. Cette année je vais découvrir Séville et je retrouve une de mes villes de cœur : Madrid ! Je n'ai jamais eu aussi hâte de partir en vacances ! Il s'est passé tellement de choses ces deux dernières années. La création de notre agence de marketing d'influence, Talentcy. Puis la création du Label Talentcy Records. Ma participation à *The Voice All Stars*, la préparation de mon album, la promo télé et radio en France et en Belgique. Tant de choses excitantes mais aussi épuisantes. Ce sont les trajets qui sont le plus fatiguants, la voiture, le train, l'avion… Quand je pars en promo, je passe plus de temps sur la route que sur les plateaux télé ou radio. C'est un sacré rythme et je crois qu'on ne s'y fait jamais. Mais comme j'aime le répéter : « On ne va pas se plaindre d'avoir du travail ! » C'est une fierté d'accomplir tout cela depuis deux ans. Nos journées et nos agendas sont bien remplis, mais nous mettons un point d'honneur à nous dégager du temps pour ceux que l'on aime et pour souffler.

Ces onze petits jours de vacances vont nous faire le plus grand bien. Si vous me cherchez, je serai à la piscine de l'hôtel, étalé comme une crêpe. Sans plaisanter, je pense que je vais mettre mes écouteurs avec un peu de musique, profiter du soleil, de la vue. Je ne suis pas très branché visites, mais je sélectionne deux ou trois endroits par ville que j'aimerais vraiment voir. Avec Julien, nous aimons nous laisser porter par les villes dans lesquelles nous nous rendons. Nous apprécions de nous arrêter dans des cafés, prendre un *latte*, regarder les passants pour s'imprégner de l'ambiance de la ville, de l'énergie qui se dégage. Puis nous déambulons dans les rues, nous aimons nous y perdre et lever les yeux pour découvrir l'architecture. Nous adorons aussi nous fondre parmi les habitants pour ressentir la vraie essence d'une ville.

Chaque personne a une vision différente des vacances. J'ai des amis qui aiment visiter chaque musée, chaque attraction. Mes vacances, je les vois différemment : je recherche surtout la tranquillité. Il en faut pour tous les goûts ! Je préfère partir moins longtemps, mais partir dans un endroit où je sais que je serai tranquille, au calme. Plus le temps passe, plus j'ai besoin de cela. Nous avons des vies qui vont à cent à l'heure ; le calme en vacances ce n'est vraiment pas du luxe, c'est nécessaire pour faire le vide.

J'ai hâte de découvrir la ville de Séville ! Je devais m'y rendre il y a quelques années mais le voyage a été annulé. Et j'ai tellement hâte de retrouver Madrid ! De déambuler sur la Gran Via, goûter des tapas au marché San Miguel, découvrir ce nouvel hôtel que nous avons réservé et qui a ouvert il y a trois mois. Hâte de me rendre dans le quartier le plus fou de Madrid, Chueca. L'ambiance y est tellement dingue, les restaurants, les bars sont sympas et il y a vraiment une ambiance festive. Vous aurez compris à quel point je suis surexcité de partir ! Je pars dimanche, le 14 août, le lendemain de mon anniversaire. Les deux jours avant d'y être vont être sportifs !

Vendredi 12 août, un TGV m'emmènera en concert à Royan. Le samedi 13 août, je serai dans le TGV retour pour Lille à 6 h 32. Le temps de finir mes valises et le lendemain ce sera direction l'aéroport Paris-Charles de Gaulle. Beaucoup de trajets en si peu de temps ! Un dernier effort avant le repos. Quelques jours pendant lesquels je vais vraiment me reposer car je serai en concert dès le 28 août, puis en septembre. Nous préparons également la sortie du nouveau *single*, puis la sortie du *single* de notre jeune artiste Hann Rudloff. Nous avons également des rendez-vous avec d'autres artistes début septembre. Il faudra être d'attaque dès notre retour le 25 août !

Et si vous me disiez à quoi ressemblent vos vacances ?

....

....

....

....

....

....

....

....

....

....

....

....

....

....

....

....

....

....

....

....

....

....

....

....

....

....

....

12 août 2022

The beauty of the rain – Dar Williams

Ce matin, je me suis levé à 5 h 15 pour ne pas louper mon train en direction de Royan ! J'y donne un concert ce soir. C'est mon dernier concert avant de partir en vacances. J'ai hâte de donner ce concert et j'ai hâte de partir en vacances. Le TGV est parti à 7 h 03 de Lille Europe. Avant le départ, des gens se disputaient devant l'entrée du wagon, bloquant ainsi l'accès au train. De mauvaises ondes comme ça pour commencer la journée ce n'est pas le top. Il est important de s'en détacher pour ne pas que cela impacte toute notre journée.

Le train part, une maman et sa fille de 15 ou 16 ans sont assises devant nous. La jeune fille s'est mise à vomir pendant vingt minutes. Je vais vous épargner les détails et l'odeur qui s'est répandue dans le wagon. Je n'ai pas compris pourquoi elle n'était pas allée aux WC. Nous étions juste à côté pourtant. Il me reste plus de trois heures de train et une jeune femme vient de s'installer sur les sièges à côté de nous.

Cela fait maintenant une quinzaine de minutes qu'elle est au téléphone et qu'elle raconte sa vie à son interlocuteur. En anglais d'abord, et maintenant en français à une autre personne. Nous connaissons tous les détails de son voyage, ce qu'elle a mangé dans l'avion, le fait qu'elle n'ait pas trouvé de boisson froide à la gare, qu'elle a retiré les raisins secs de sa salade car elle n'aime pas ça. Elle n'a pas terminé un gâteau qui était trop sucré. Je pourrais vous raconter tout ce qu'elle est en train de dire, ça prendrait au moins trente pages… ! Bien entendu, elle ne chuchote pas, elle hurle ! Je reste zen, mais je ne comprends pas les gens qui n'ont plus aucun respect pour les autres. Ne peut-elle pas attendre d'arriver à la gare pour téléphoner ? Mais ce n'est ni le vomi ni elle qui m'empêchera de passer une bonne journée.

Il est 8 h 25 et un monsieur décide à son tour d'appeler quelqu'un. Nous avons donc droit à deux conversations simultanées. Au moins, nous avons le choix entre deux histoires ! Plus sérieusement, je viens de mettre mes écouteurs, je n'ai pas besoin de tout entendre, c'est intime tout ce qu'ils se disent.

La journée va être longue, nous arrivons à Angoulême à 11 h 23 puis nous avons près de deux heures de route pour nous rendre à Royan en voiture. Je chante ce soir à 21 h 30… Retour à Angoulême après le show. Je pense qu'on arrivera vers minuit, voire 1 heure du matin à l'hôtel. Notre train part à 6 h 28 ensuite. Nous allons très peu dormir. Chose positive, je serai réveillé de bonne heure pour mon anniversaire.

Oui, demain, samedi 13 août 2022, j'aurai 33 ans ! Le temps passe si vite ! J'ai l'impression d'avoir fêté mes 30 ans il y a quelques semaines. Je n'ai rien prévu cette année ! À vrai dire, je n'avais rien prévu non plus l'an dernier pour mon anniversaire. J'aime le fêter, mais le fait d'être né en août n'est pas simple. La majeure partie de mes amis sont en vacances, c'est donc très compliqué d'organiser quelque chose le jour même. C'est dommage, car cette année ça tombe un samedi… ça aurait été parfait. Il y en aura d'autres, j'espère ! J'entends beaucoup de personnes dire qu'elles n'aiment pas fêter leur anniversaire, que ça leur rappelle le temps qui passe. Personnellement, je déteste ne pas le fêter car cela me fait prendre conscience du temps qui passe et du fait que je ne suis pas entouré pour vivre cette « épreuve ». La nouvelle bougie sur le gâteau est plus facile à digérer quand nous sommes accompagnés de nos proches pour la souffler.

L'an dernier, j'ai fêté mon anniversaire pendant la tournée. Olivier, mon tourneur, me l'a même souhaité sur scène avec un gâteau ! Un moment magique devant 8 000 personnes. Un très beau souvenir qui a réchauffé mon petit cœur.

Il est 8 h 39 et le wagon est enfin calme. Je vais essayer de me reposer un peu avant d'arriver. Je manque clairement de sommeil.

13 août 2022

J'veux voyager – Olympe

Je suis dans le TGV Angoulême-Lille Europe. J'ai officiellement 33 ans ! C'est dingue. Il y a dix ans, je me préparais à passer les castings de *The Voice* fin août/début septembre. Aujourd'hui, je vis de ma passion, et je nourris mon cœur de tous vos sourires, vos mots, vos gestes. Je sais que je ne peux vivre sans vous, sans votre présence, sans nos rendez-vous sur scène. Dans *J'veux voyager*, je parle de vous, du temps qui passe et de cette souffrance qu'a été le confinement. Le fait de ne pas pouvoir vous retrouver. « De nos rides, on s'en fait des tatouages. » C'est exactement cela. Chaque année, chaque ride, chaque trace est le témoin du temps qui passe et de toutes ces choses que nous vivons au quotidien. Il faut apprendre à apprécier tout cela, c'est notre histoire, il ne faut pas en avoir honte. Nos rides montrent à quel point nous avons souffert, nous avons ri, nous avons aimé, nous avons vécu. Je trouve qu'un visage sans rides est un visage dont l'histoire a été effacée.

C'est mon anniversaire et j'ai dormi à peine trois heures. Nous sommes rentrés à 1 h 30 du matin à l'hôtel. Le réveil a sonné à 5 heures. Quatre petites heures de train et je serai à Lille. Une journée de repos avant de prendre l'avion pour Séville demain. Les lendemains de concert, j'ai toujours cette sensation de vide, cette descente d'adrénaline qui me fait monter les larmes aux yeux. Je n'ai pas de gêne à parler de ça. Ce matin, j'ai regardé les vidéos de mes derniers concerts dont celui au musée La Piscine de Roubaix, et j'avoue que j'ai pleuré.

Les concerts passent toujours tellement vite que ce n'est qu'après qu'on se rend compte des moments fabuleux que l'on a pu vivre. Je voudrais vous remercier pour tout cela, pour cette force que vous m'apportez au quotidien. J'aurais pu sombrer et abandonner des dizaines de fois, mais à chaque fois c'est vous qui m'avez tenu la tête hors de l'eau. Je ne sais pas si vous savez à quel point je vous aime. Je n'en parle pas souvent par pudeur, mais laissons la pudeur, dévoilons nos émotions, nos sentiments. Je vous aime de tout mon cœur ! C'est dit et je n'hésiterai pas à le redire !

J'espère vraiment que j'aurai l'occasion de partir une nouvelle fois en tournée pour venir vous rencontrer, vous retrouver à nouveau. Il y a des régions, des villes, dans lesquelles je suis rarement venu chanter. Je pense notamment à la Bretagne ou encore la région PACA... Ce n'est pas l'envie qui manque, au contraire ! Organiser une tournée, c'est beaucoup de temps, et surtout, beaucoup d'argent. Nous faisons le maximum, soyez-en certains. Je nous souhaite de très nombreux concerts, partout en

France et même au-delà ! J'aimerais tellement retourner chanter au Belgique, j'aimerais également chanter au Canada et dans bien d'autres pays !

Je ne vais pas être très productif aujourd'hui, à mon avis je vais me coucher en arrivant, à 10 h 30. Je ne vais pas tenir sinon ! Ce soir, j'espère pouvoir aller au restaurant pour souffler une bougie, pas 33, sinon je vais vider leur stock !

Je reçois tous vos messages, commentaires sur les réseaux sociaux, j'essaie de répondre au fur et à mesure pour ne pas avoir de retard et vous remercier comme il se doit.

Je vous souhaite une excellente journée, plein de bonnes ondes pour vous !

19 août 2022

Disfruto – Carla Morrison

Il fait 37 °C dehors. Bienvenue à Séville !

Il était important pour moi de nourrir ce livre de mes expériences, de mes voyages. Je vous ai parlé précédemment des épreuves que j'ai pu traverser depuis tout petit.

Maintenant que vous connaissez l'histoire, j'essaie de partager mes « aventures » du quotidien et comment j'essaie de les traverser et de les vivre.

Pour tout vous dire, je suis tombé amoureux de Séville. Cette ville est vraiment belle au niveau architectural. Il n'y a pas une rue dans laquelle on passe sans s'émerveiller. C'est un bonheur de s'y promener. Il y fait chaud, mais il y a beaucoup de ruelles étroites, à l'ombre, dans lesquelles un petit courant d'air se faufile et rend la chaleur plus supportable. Aujourd'hui, il fait particulièrement chaud, la météo annonce 38 °C à l'ombre.

Je suis surpris par le manque d'amabilité des Espagnols dans les restaurants. Nous ne sommes tombés que sur deux serveurs sympathiques en six jours. Deux sur une bonne vingtaine ! À chaque fois, l'accueil est froid, désagréable et ça ne donne pas envie de s'attarder. C'est clairement le point noir de la ville. Je reste positif et je m'arme de mon plus beau sourire. Ça ne fonctionne pas à chaque fois, mais en étant souriant, j'ai réussi à rendre plus aimable un serveur. C'est déjà ça de gagné, c'est une petite victoire ! Si j'étais aussi désagréable qu'eux, ça n'arrangerait pas la situation, ça la rendrait peut-être même plus électrique. Et surtout, ça plomberait mon humeur pour une bonne partie de la journée, et ce n'est clairement pas comme ça que je souhaite la passer !

Ah oui, je voulais vous parler d'autre chose… Vous savez, en vacances, je ne m'habille pas comme tout le monde. Je trouve que les shorts ne me vont pas, alors je porte souvent des pantalons assez légers, parfois, souvent même, des kimonos. Ils me font me sentir bien et je suis plus à l'aise. Je suis, dans les rues de Séville, l'objet de quasiment tous les regards. On m'observe d'une manière qui semble dire : « Pourquoi est-il habillé comme cela ? » J'ai même vu quelques personnes se moquer. Je vis pour moi, je m'habille comme j'ai envie de m'habiller. Je porte les vêtements qui me font me sentir bien, dans lesquels je suis à l'aise pour déambuler dans les rues. Les regards ne sont pas importants, ils montrent encore une fois que je ne me fonds pas dans la masse. On me remarque, je dérange certains car je ne suis pas classique, parce que j'ose être moi-même. C'est une sorte de récompense, je ne suis pas un fantôme. Les moqueries, les rires, montrent à quel point ces personnes ne sont pas ouvertes d'esprit, à quel point elles ont été éduquées dans le jugement des autres. Cela souligne la tristesse de leur vie.

Je suis fier de moi, fier d'être moi-même et ne pas avoir peur de m'affirmer. Quand on me regarde d'un air moqueur, je regarde en retour et fais mon plus beau sourire tout en continuant de déambuler dans les rues. Aujourd'hui, je peux dire que ma vie est belle. Elle est belle car je suis libre de toutes ces chaînes qui nous empêchent de vivre comme on l'a toujours souhaité.

C'est important d'avoir son propre style, c'est ce qui nous caractérise. J'ai d'ailleurs envie de m'acheter d'autres kimonos !

Séville, j'ai adoré te rencontrer ! Tu resteras dans ma mémoire jusqu'à la fin de ma vie, merci pour ta beauté, tes belles ondes.

21 août 2022

Madrid. Pas de bande-son particulière pour écrire aujourd'hui. Pour tout vous dire, la vue qui est devant moi est à couper le souffle ! Nous séjournons à l'hôtel Edition Madrid. Je suis installé sur un transat devant la piscine à débordement sur le toit de l'hôtel, avec une vue sur l'opéra de Madrid et les toits. J'ai retrouvé la ville, après sept ans sans y être venu. C'est vraiment un endroit que j'aime ! On s'y sent en sécurité. C'est une ville dans laquelle je me sens vivant, j'adore y faire la fête. Avec New York, ce sont mes deux villes préférées sur cette terre. Si on parle de la communauté gay à Madrid, j'ai l'impression qu'elle est beaucoup plus ouverte qu'en France, ou qu'à Paris du moins. Ici tout le monde a sa place, les gens ne se regardent pas de travers.

L'architecture de la ville me plaît : les coupoles, les sculptures, c'est très différent de Séville et de son architecture mauresque. J'aime les hauts bâtiments de Madrid, ça me fait penser à New York. Les gratte-ciel new-yorkais sont plus imposants, mais il y a une dimension intéressante à Madrid. Si vous vous promenez sur la Gran Via, vous vous sentirez petits à côté de ces hauts immeubles. La ville a bien évolué, on y trouve de nombreux bars en *rooftop* maintenant, il y en avait beaucoup moins il y a quelques années et cela manquait vraiment. Il y a de plus en plus d'endroits branchés, un peu design, c'est plaisant. Prenons l'exemple de notre hôtel, qui a ouvert ses portes il y a quatre mois. Il y a de beaux hôtels à Madrid, mais je trouve que celui-ci surpasse tous ceux dans lesquels j'ai pu séjourner. Il est épuré, le personnel est vraiment aux petits soins, très souriant, ce qui change des serveurs que j'ai pu rencontrer à Séville !

Les jours que je passe à Madrid sont vraiment d'une douceur… Une vraie parenthèse après deux années à cent à l'heure. J'ai la tête vidée, et je me sens reposé. Ça faisait longtemps que je ne m'étais pas senti aussi bien. Pour tout vous dire, je me ronge souvent les ongles, nos métiers sont assez stressants dans le sens où nous avons des responsabilités, une entreprise à faire tourner, des employés à payer. Depuis que je suis en Espagne, j'ai arrêté, et c'est bien l'une des premières fois que mes ongles ont la possibilité d'avoir une taille normale, un aspect naturel. La déconnexion fait vraiment du bien.

Je suis prêt à attaquer ces prochains mois. Hâte de vous retrouver sur scène, hâte de reprendre une activité physique, hâte de créer de nouvelles chansons et de retrouver le chemin du studio. Hâte que vous ayez ce livre entre les mains. J'espère sincèrement qu'il vous aidera, et que vous en apprendrez un peu plus sur moi. Je me sens regonflé à bloc. Prêt à tout affronter ! J'adore être dans ce *mood*. Que de bonnes ondes !

25 août 2022

Floraison – Hann Rudloff

Quelque part dans le ciel entre Madrid et Paris.

Il est 13 h 27 et nous sommes dans le vol Air France en direction Paris-Charles de Gaulle. Notre séjour en Espagne est terminé. Nous avons pu nous détendre tout en continuant de travailler. Nous avons rencontré Clémentine, la graphiste avec qui nous avons collaboré et collaborons encore pour différents projets, et qui était en Espagne en même temps que nous. J'ai également eu une petite réunion avec quelqu'un que je n'avais pas vu depuis 2013 et qui est très influent dans le milieu de la musique. Nous avons pu discuter de mes projets musicaux, parler du passé également. Ce voyage nous a fait le plus grand bien !

Demain matin, retour au bureau pour travailler sur la suite et dimanche je serai de retour sur scène pour un concert dans le nord de la France. J'enchaînerai ensuite avec deux dates en Normandie, puis une dans l'Est, et nous préparerons des dates de concert avec mes musiciens pour l'année 2023. 2023 est une année importante car nous fêterons les dix ans de ma participation à la saison 2 de *The Voice*. Le temps passe tellement vite !

Je ne sais pas de quoi l'avenir sera fait, j'essaie de vivre au jour le jour, mais j'aime cependant me projeter et avoir des projets à moyen terme, cela m'aide à avancer chaque jour. J'aime les objectifs. Au moment où j'écris, la chanson que vous écoutez n'est pas encore sortie. Hann Rudloff est une jeune artiste avec laquelle nous avons eu envie de travailler. *Floraison* a été écrite et composée par Jérôme et moi, dans mon salon. Théo Grasset s'est occupé des arrangements et Adil de Saint-Denis du *mastering*. Ce projet est excitant dans le sens où nous créons, en accord avec Hann, son univers musical. Il y a un vrai échange artistique et nous essayons de faire ressortir tout le talent qui vit en elle. À l'heure où vous lisez ce livre, cette chanson est sortie depuis quelques mois. J'aimerais beaucoup savoir si vous aimez cette proposition artistique. Il faut savoir que Hann n'a que 15 ans, c'est tellement fou ! J'espère sincèrement que nous arriverons à dévoiler son talent au plus de monde possible. C'est un de mes objectifs pour les mois, les années qui viennent.

Nous allons bientôt entamer notre descente vers Paris, je dois éteindre mon Mac ! Je vous laisse !

31 août 2022

Soldi – Mahmood

Aujourd'hui, j'ai des amis à la maison. Nous décidons d'aller dîner au restaurant pour fêter nos retrouvailles. Tout se passe très bien et nous prolongeons la soirée dans un bar que je n'apprécie pas tellement, mais puisque les autres ont envie d'y aller, allons-y ! Nous constatons en arrivant devant le bar qu'il est quasiment vide. Le videur nous scrute de la tête aux pieds et décide de s'en prendre à l'un de nos amis : « Ton pantalon, je mets ça pour faire du karaté le dimanche et pour traîner chez moi à la maison. » Son air est vraiment dédaigneux et impoli alors que mon ami est bien habillé. Le videur cherche vraisemblablement les embrouilles, je le vois nous regarder avec insistance en essayant de trouver le moindre détail « gênant ».

Je l'arrête tout de suite, en lui disant que ça ne se fait pas, et que tout le monde est très bien habillé. Depuis quand parle-t-on de cette façon aux clients ? Je répète que c'est un bar, que ce n'est pas un club. Le videur finit par me répondre : « Non, mais je vais vous faire rentrer ! » Je regarde Julien et je lui dis qu'il est hors de question d'aller dépenser notre argent dans ce bar qui ne respecte pas les clients. Le videur ose me dire : « Vous êtes vexé ! » Je lui rétorque que je ne suis pas du tout vexé, mais que le respect est une valeur qu'il n'a pas et qu'il y a d'autres bars bien plus fréquentables où nous serons bien mieux accueillis.

Il faut que les gens redescendent sur terre ! Sincèrement, ne laissez personne s'adresser à vous de cette façon, vous agresser verbalement. Refusez que l'on vous parle ainsi, et changez d'endroit ! Je ne supporte pas la méchanceté gratuite ! Vous vous rendez quand même compte que le mec pensait que nous allions nous installer tranquillement dans le bar après que notre ami se soit fait démonter verbalement avant d'entrer ! Si certains acceptent ça c'est leur problème, jamais je ne tolérerai qu'on s'en prenne à quelqu'un alors que c'est totalement injustifié. Bien entendu, nous avons fait remonter l'information sur Instagram pour que les patrons du bar en question en tiennent compte, mais il n'y a eu aucune réaction de leur part alors qu'ils ont vu les stories. En revanche, j'ai eu énormément de témoignages de Lillois m'informant que ce comportement de la part du videur est fréquent. Un agent immobilier m'a même raconté qu'il s'est fait refuser l'entrée dans ce bar car il était seul et voulait boire un verre après une grosse journée de travail. Le bar était pourtant vide !

Je pense que certains propriétaires d'établissements devraient « redescendre » et se préoccuper un peu plus de leurs clients. Je fais confiance au karma. Je ne mettrai plus jamais un pied dans cet établissement, et tant mieux car c'est un réel enfer ! N'hésitez pas à me contacter sur Instagram pour que je vous donne le nom de ce bar qui ne mérite pas de clients. Adieu les mauvaises ondes ! Sérieusement, qui sont ces gens pour agir ainsi ? Qu'ils restent avec leurs mauvaises ondes loin, très loin de nous !

3 septembre 2022

Je suis dans le train pour Vire. J'y donne un concert ce soir. J'ai hâte d'être sur scène et de la partager avec des artistes qui sont mes amis. Les journées pleines de bonnes ondes sont importantes. Nous n'allons pas avoir de week-end libre pendant tout le mois de septembre, mais je me console en me disant que je serai sur scène et que je partagerai ces moments avec des gens que j'apprécie. Pour la fatigue, j'essaierai de dormir plus tard ! On ne va pas se plaindre d'avoir du travail. C'est une chance, et je sais que beaucoup aimeraient la connaître.

C'est le rêve de nombreux artistes de pouvoir chanter dans de nombreuses villes, sur de nombreuses scènes.

J'ai beaucoup de mal à écrire aujourd'hui, je suis tellement fatigué que je n'arrive pas vraiment à me concentrer. J'avais quand même envie de vous dire un petit mot !

11 septembre 2022

Je me suis levé à 6 h 30 pour prendre le train direction Nantes. Je chante cet après-midi à Châteaubriant. Hier soir, j'étais en concert à Croix, dans le Nord, à côté de la maison. Un super moment pendant lequel j'ai pu interpréter trois chansons de mon premier album *Olympe*, sorti en 2013. Je n'avais pas chanté ces morceaux depuis un moment et j'ai adoré ce petit retour en arrière. Quand je pense que j'ai chanté *Si maman si* en finale de *The Voice*, puis dans tous les zéniths de France, aux arènes de Nîmes, à Bercy et même au Liban ! Hier, ce sont tous ces moments dont je me suis souvenu. Ces milliers de personnes qui chantaient avec moi. De beaux moments qui resteront gravés dans ma mémoire.

La rentrée est rude, et j'essaie de profiter des nuits pour me reposer car le rythme est intense. Je crois que je n'ai aucun week-end pour me reposer avant fin novembre. Encore une fois, je ne vais pas me plaindre de travailler, c'est un bonheur ! Je prends toutes les bonnes ondes qui me sont données pendant les concerts. C'est une richesse que je stocke et qui m'aide à traverser les coups de mou avec facilité.

Le 11 septembre est une date anniversaire tragique, celle des attentats de New York de 2001. Je me souviens de ce que je faisais ce jour-là. Je rentrais du collège, j'étais en 6e. J'ai allumé la télé et je suis tombé sur cette tour d'où sortait de la fumée. J'ai changé de chaîne, et j'ai vu que la même image était diffusée. J'ai ensuite vu le second avion percuter la seconde tour. Je suis resté bloqué devant la télévision, réalisant l'horreur qui se déroulait sous nos yeux. J'ai été vraiment touché par cette catastrophe. J'ai rédigé un article pour le journal du collège sur ce tragique événement. Quelques années après, en 2013, lors de l'enregistrement de mon premier album, à New York, je me suis rendu au mémorial du 11 septembre. Le temps était suspendu sur les lieux. Pas un bruit, les gens venaient vraiment pour se recueillir. À chacun de mes passages à New York, je m'y rends. Je me recueille, je me souviens. Je m'aperçois que plus le temps passe, moins les gens sont respectueux. Combien de fois ai-je vu des visiteurs se prendre en selfie devant les noms des victimes, ou même s'asseoir à l'endroit où sont inscrits ces noms ! J'ai du mal à comprendre ce comportement, du mal à le concevoir. Je sais que la vie doit reprendre après un tel événement, mais franchement… un peu de retenue ! Nous sommes à l'endroit où 2 977 personnes sont décédées.

Ce drame nous a tous marqués. Je suis certain que vous vous souvenez du moment où vous avez appris la nouvelle. Où vous étiez, ce que vous faisiez…

Triste date.

12 septembre 2022

Where have you been – Rihanna

Le concert d'hier à Châteaubriant s'est bien passé. De retour à Nantes pour la nuit, j'ai pu voir mes amis Axel et Leslie. Un bonheur de faire concorder nos emplois du temps le temps d'un dîner. J'adore passer du temps avec eux ! Ce n'est que bienveillance, amour et *good vibes*. Je souhaite à tout le monde d'avoir des amis comme Leslie et Axel.

Ce matin le réveil à 5 h 45 n'a pas piqué, je pense que je me suis habitué à me lever tôt. Notre TGV n'est toujours pas parti, nous attendons depuis une demi-heure. Il semblerait qu'un train ait heurté un animal, perturbant donc tout le trafic. Nous n'aurons clairement pas le temps d'avoir notre correspondance, tous nos rendez-vous de la journée vont être décalés. Restons positifs, ce ne sont que des rendez-vous ! Au pire, nous irons faire un petit tour dans Paris selon l'horaire du prochain train pour Lille.

Rien à voir, mais le siège du TGV est vraiment inconfortable. La SNCF a voulu imiter les sièges *business* des compagnies aériennes et c'est clairement raté. Ils sont raides, c'est un enfer ! Si on souhaite baisser le siège on se retrouve à moitié allongé. Je pense que la personne qui les a créés n'a jamais fait un voyage à bord de ce train à grande vitesse… Rien de tel que les bons vieux trains avec des fauteuils bien confortables dans lesquels on pouvait s'installer comme dans le canapé de la maison.

Le contrôleur vient de parler, notre TGV devrait partir d'un instant à l'autre. J'ai du mal à y croire, on n'est jamais vraiment sûr de quoi que ce soit avec la SNCF ! Mais on garde le sourire, la journée va bien se terminer, c'est certain. J'espère que votre journée se déroule comme vous le souhaitez. Si ce n'est pas le cas, fermez les yeux, faites le vide et respirez profondément. Plein de belles ondes pour vous !

Update : nous sommes arrivés à Paris avec quasiment une heure de retard ! Nous avons loupé notre correspondance puis la correspondance de secours. Aucun taxi disponible à la gare… Nous changeons nos plans et allons rester travailler à Paris. Nous rejoignons également Julien et Pierre qui sont dans la capitale pour la journée. Finalement, nous nous sommes laissés porter par le retard, nous ne nous sommes pas énervés et la journée est plus sympa que prévu ! Nous avons même croisé quelqu'un que nous connaissons et que nous n'aurions pas croisé si le train avait été à l'heure. Rien ne sert de s'énerver, quand quelque chose bloque, il vaut mieux être patient et laisser couler. Si quelque chose ne se fait pas, c'est que quelque chose de mieux est sur le point d'arriver… En voilà encore un exemple !

14 septembre 2022

Skyfall – Adele

Aujourd'hui, il y a une panne de réseau. Nous ne pouvons ni appeler, ni envoyer de message, la box Internet est déconnectée. Nous n'avons plus accès à quoi que ce soit. C'est vraiment à ce moment-là qu'on se rend compte que nos métiers sont dépendants d'Internet. J'en profite alors pour écrire, puisque ça ne demande pas de connexion.

Qu'est-ce qu'on deviendra quand Internet ne fonctionnera plus ? Un peu l'impression d'être dans un film catastrophe, c'est la fin du monde ! Sans rire, nous évoluons dans une société qui peut facilement être bloquée à cause d'une simple panne de réseau. C'est une économie tout entière qui est en pause pendant cette panne. Nous avons trouvé un espace de *coworking* pour travailler de nouveau et être en contact avec nos clients et talents. Notre opérateur a un gros *bug* dans plusieurs régions depuis quelques jours apparemment. Tout va finir par s'arranger. Tout fini par s'arranger, on s'adapte !

12 octobre 2022

22 h 26. J'aimerais vous dire que tout va bien aujourd'hui, mais je suis épuisé. J'adore l'automne, mais cette saison est trop violente. Les températures ont dégringolé, je suis tombé malade et ça a encore une fois irrité mes cordes vocales. Je suis très sensible aux changements de température. Je dois donc reposer mes cordes vocales car j'ai de nombreux projets et elles doivent être en forme ! J'ai notamment pour projet de sortir une chanson par mois sur les plateformes de *streaming* à partir du mois de janvier 2023. Cela va demander beaucoup de travail en plus de tous mes autres objectifs, mais je tiens vraiment à le faire. Je suis très motivé, c'est un vrai challenge ! Je vais donc essayer de reposer ma voix. Je vais d'ailleurs essayer de me reposer tout court, et prendre des vitamines. Ma santé mentale n'est pas

au top en ce moment, un coup de fatigue qui joue sur tous les aspects.

Prenez soin de vous, écoutez les signes : quand votre corps vous dit « STOP », il faut prendre ce message au sérieux et ralentir. Nous ne sommes clairement pas des machines. J'ai encaissé de grosses montées de stress ces dernières semaines, il faut maintenant que la pression redescende. Du repos, c'est ce qu'il me faut pour quelques jours.

15 février 2023

Cela fait un bon moment que je n'ai pas écrit ! Il s'est passé quelques mois, pendant lesquels j'ai été très occupé. J'ai travaillé sur le projet de mon amie artiste ECCO, j'ai réalisé son clip, et les fêtes de fin d'années ont emporté le peu de temps qu'il me restait.

Nous sortons d'un rendez-vous avec le service Adoption. Nous venons d'apprendre une grande nouvelle : nous allons adopter un petit bébé de 4 mois ! Notre projet de vie est désormais une réalité. Nous sommes papas ! C'est la plus belle nouvelle de toute ma vie ! Vous devez vous demander ce que j'ai ressenti lorsque la nouvelle nous a été annoncée : j'ai senti une grande chaleur parcourir tout mon corps, des pieds jusqu'à la tête. J'avais clairement l'impression d'être dans une réalité alternative. Ça y est et je n'arrive pas à réaliser. C'est merveilleux !

4 avril 2023

Cela fait trois semaines que notre amour est à la maison ! La rencontre a été si naturelle, comme une évidence. Nous savions tous les trois que nous étions faits pour nous rencontrer et fonder cette famille dont nous rêvions depuis des années. Notre petite fille est un rayon de soleil, elle est très calme et porte le sourire sur ses lèvres. Une amie m'a demandé si je me sentais déjà comme son papa. Je n'ai jamais eu à me poser la question. Elle est clairement l'amour de ma vie ! Je sais que je ferai tout pour son bonheur. Chacun de ses sourires remplit mon cœur de chaleur et d'amour. L'amour inconditionnel prend tout son sens, et je comprends désormais ce que ressentent les parents, nos parents. Son arrivée dans notre vie est la plus belle chose qui ait pu nous arriver. En trois semaines, notre fille a déjà tellement évolué, c'est si touchant de pouvoir l'accompagner chaque jour, d'être près d'elle.

Avant son arrivée, on s'est posé mille questions, et personnellement je me suis demandé si j'allais être un bon père. J'avais peur de ne pas savoir réagir face à ses besoins, mais je peux vous dire aujourd'hui qu'elle passe avant tout. Si je ne dois pas dormir car elle a besoin de moi, je ne dormirai pas. Je prends chaque jour un peu plus conscience de l'amour que je lui porte.

Si vous saviez le nombre de messages que j'ai pu recevoir sur les réseaux sociaux lorsque j'ai annoncé l'arrivée de notre beauté !

J'aimerais remercier toutes les personnes que je n'ai pas pu remercier. Il y a eu des messages très touchants de couples ayant l'agrément ou souhaitant se lancer dans l'adoption. Beaucoup se disaient découragés par l'attente après l'obtention de l'agrément, mais ont repris espoir suite à l'adoption de notre fille. Je pense également à nos amis qui attendent. Je leur souhaite de pouvoir concrétiser leur projet de vie. C'est réellement un bonheur, malgré le manque de sommeil. Nous vivons les premiers instants du reste de notre vie et nous sommes comblés d'amour et de joie !

J'aimerais aussi remercier les familles et nounous d'accueil pour le travail formidable qu'elles font. Notre petite fille a été choyée et couverte d'amour pendant ses quatre premiers mois de vie par Stéphanie et sa famille. Je ne remercierai jamais assez ces personnes de l'ombre qui font en sorte que les bébés et les enfants confiés à l'adoption ressentent qu'ils ne sont pas seuls. Un grand merci aux assistantes sociales et plus généralement aux services de l'aide à l'enfance et du département.

À toutes les personnes en procédure d'adoption ayant obtenu l'agrément, ou ne l'ayant pas encore obtenu, j'aimerais vous dire de ne jamais abandonner. Le chemin est long et il arrive de perdre espoir, mais la concrétisation de ce projet de vie fait oublier les années d'attente. Il n'y a rien de plus beau au monde que d'accueillir un enfant et de devenir son parent !

Lettre à toi

I'll never forget you – Birdy

Hello toi,

Je peux enfin te tutoyer, on vient quand même de passer un bon moment ensemble à travers ce livre. J'avais envie de m'adresser à toi de façon plus personnelle. Je sais qu'au fond de toi certains aspects de ta vie ne sont pas en phase avec la personne que tu aimerais être. Tu sais, ça prend du temps, ne t'en fais pas, tu vas y arriver. Ce qui est important, c'est que tu prennes conscience que tu es un cadeau pour ce monde. Ta sensibilité fait de toi une personne à part. Que tu aimes les couleurs, le noir ou bien le blanc, ton être tout entier est une merveille !

Le conseil que je peux te donner, et qui m'avait été donné en 2013 par ma super coach Jenifer est : « Ne lis pas les commentaires sur les réseaux sociaux, ça va te blesser comme j'ai été blessée. » Conseil que j'ai à moitié appliqué… J'aurais dû l'écouter davantage. Je dirais même, ne retiens pas les commentaires négatifs. Supprime-les, bloque les *haters*. Ne leur donne pas d'importance. La vie est trop courte, il est important de la vivre à 100 % avec le plus de bonnes ondes possibles ! *You are fabulous !* Remplir ta vie d'énergie positive ne pourra que te faire du bien car tu entreras dans un *good mood*, un bon cycle.

J'aimerais que tu saches que tu es aimé, que sur cette terre il y aura toujours quelqu'un pour toi, quelqu'un qui te veut du bien et qui t'aime de tout son cœur. Sois en paix avec toi-même et tu verras que le positif viendra vers toi. Je ne dis pas qu'il n'y aura plus de moment sombres, mais comme j'aime le répéter : « Pour apprécier les nuages, il faut savoir qu'on en fait partie. » Tout n'est pas rose dans la vie, il faut apprécier les bons moments, et rester positif même quand tout semble s'écrouler. Le cycle passera, il faut s'accrocher.

J'ai sincèrement envie que tu sois épanoui, que ton passage sur cette terre soit le plus beau possible, même s'il ne l'était pas forcément au début, ou qu'il ne l'est pas encore. Je souhaite que tu apprécies chaque instant que tu pourras vivre, que tes relations humaines t'amènent bonne humeur, convivialité, amour, partage. Je souhaite tout simplement que tu sois pleinement la personne merveilleuse que tu es.

Je suis un peu ému d'arriver aux dernières lignes de mon livre. J'avais un peu d'appréhension à l'idée de t'ouvrir mon cœur, de te raconter certaines de mes expériences, plus ou moins douloureuses d'ailleurs. J'ai aimé cet exercice. Je dirais même qu'il a été libérateur.

J'avais besoin que tu sois au courant de certains points de mon histoire, car ils font partie de moi, de mon parcours. Aujourd'hui, je suis la personne que j'aurais dû être depuis toujours : moi ! J'avoue avoir eu peur de ne pas être à la hauteur. C'est parfois compliqué de s'adresser aux autres et de donner des conseils. Je n'ai fait que te donner des exemples de ma vie et te dire comment j'ai réussi à briser tous ces murs de verre à travers lesquels je voyais le monde que j'avais à disposition, sans pour autant pouvoir y goûter.

Je te souhaite une très belle journée, ou une très belle nuit, selon l'heure à laquelle tu liras ces mots.

J'espère que nous aurons prochainement l'occasion d'échanger sur toi, ton histoire.

En attendant, n'oublie pas : *BE YOURSELF, YOU ARE LOVED !*

(P-S : n'hésite pas à prendre quelques secondes pour toi, pour te détendre en écoutant la fin de cette fabuleuse chanson interprétée par Birdy : *I'll never forget you.*)

Remerciements

J'ai l'habitude d'écrire des remerciements pour chacun des mes albums. Aujourd'hui, c'est pout un livre.. C'est une petite fierté, je ne sais pas vraiment comment m'y prendre… Alors je vais faire simple et court.

J'aimerais tout d'abord remercier les éditions First de m'avoir donné la chance de pouvoir m'exprimer ; merci à Aline Sibony pour sa bienveillance et son accompagnement.

J'aimerais ensuite remercier chaque personne qui a lu ce livre, ainsi que mes amis et ma famille. Merci mes étoiles, de si bien veiller sur moi.